区块链赋能
共同富裕和美好生活新路径

王宇航 王栋 等◎著

人民出版社

目　录

第一篇

数字化赋能共同富裕和美好生活

习近平总书记在党的二十大报告中强调指出："江山就是人民，人民就是江山。中国共产党领导人民打江山、守江山，守的是人民的心。治国有常，利民为本。为民造福是立党为公、执政为民的本质要求。必须坚持在发展中保障和改善民生，鼓励共同奋斗创造美好生活，不断实现人民对美好生活的向往。"[①] 经过全党全国各族人民持续奋斗，我国全面建成小康社会，顺利实现第一个百年目标，新时代新征程，我们要面向第二个百年奋斗目标，以中国式现代化推进中华民族伟大复兴，推动构建人类命运共同体。

促进经济高质量发展是实现共同富裕、促进世界和平发展的物质基础，是"十四五"时期经济社会发展的重要目标。在宏观经济层面，高质量发展一是要求发展具有稳定性，二是要求发展具有均衡性。中国社会的主要矛盾是人民日益增长的美

[①] 习近平：《高举中国特色社会主义伟大旗帜　为全面建设社会主义现代化国家而团结奋斗——在中国共产党第二十次全国代表大会上的报告》，《人民日报》2022 年 10 月 17 日。

好生活需要和不均衡不充分的发展之间的矛盾。高质量发展要求发展均衡，精准匹配人们对于美好生活向往的需求，数字经济大有可为。三是要求发展具有可持续性，人与自然协调发展的生态文明要打破以利润为导向的工业文明惯性。四是要求发展具有公平性。重点就是促进共同富裕，共享经济、共享发展成果，都是公平性的体现。

高质量发展体现为产业规模的不断扩大和产业结构的持续优化。当产业规模扩大到资源和市场承载的上限时，我们就必须抓好产业结构的优化升级，一方面促进一、二、三、四产业渐次升级；另一方面促进服务经济成为经济发展的重要支撑，服务业成为产业的重要形态。

在工业内部，高质量发展需要知识密集型产业超越劳动密集型、资本密集型和技术密集型等产业形态，成为工业发展的主导力量，这是产业结构不断优化的过程和最终结果。知识密集型产业发展的关键是创新，尤其是人力资本的发展创新，让善于创新的人成为促进产业发展最活跃的要素。

在企业层面，高质量发展需要打造具有国际竞争力、影响力、引领力的标杆企业，在国际发展的过程中打造行业标准和国际话语权，将中国企业在中国式现代化的担当转化为促进全球共同发展、共享发展的中国力量。

作为 21 世纪以来经济领域的大变革，数字经济对传统经济形态带来巨大影响。数字经济是以网络为载体，以数字化的知识和信息为生产要素，以智能制造为动能，以大数据在线模式为物联网平台，以分享经济为方向的经济模式，其最大的优势体现为促使数字成为重要的生产要素。而且由于数字的本质特征，数字作为生产要素的供给是几近无限的，这就突破了传统经济发展劳动力、资本、技术和土地等要素有限性的"硬"制约。在数字经济时代，一个无限创造、无限供给、无限创新的崭新时代或可成为人类社会的发展现实。

经济数字化至少包括两个方面：数字产业化和产业数字化，这两方面发展趋势正通过宏观经济、产业和企业三个层面有序塑造新发展阶段的经济面貌。

第一，宏观经济层面。数字经济在宏观经济层面上优化资源配置方式，提高了优化和决策科学性，政府决策可以越来越多地通过数字手段精准满足人们的需求，满足经济发展的要求。

第二，产业层面。数字经济在产业层面促进了产业组织模式和产业结构的优化，推动了新产业组织的成长。一是形成了以网络平台为核心的产业组织模式，数字经济通过更大更开放的平台体系，将各种资源都分布到全网络的末端，在末端更能有效动员社会资源实现发展，通过网络平台更好整合线上线下渠道。二是促进了产业融合，信息技术本身具有极强的渗透性，为产业发展提供了新理念和新动力，模糊了原有产业边界，激发了产业融合动力和优势，让产业融合成为新发展阶段的重要发展趋势。

第三，企业层面。数字经济也可以通过互联互通不断扩大市场规模。疫情期间，我们的市场规模依托在线消费不断扩大，这就是数字经济的体现。其发展逻辑为一方面使企业根据市场发展不断扩大规模，另一方面也使企业之间、企业与市场之间的联系更加紧密，帮助企业更加了解市场需求。

第一章　数字文明引领科技和社会变革

不论什么技术，总会对社会的这个或那个层面产生或大或小、或这样或那样的影响。一些代表性的技术，在人类历史进程中留下了浓重的印记，深刻改变了人类社会的发展。如改良蒸汽机对第一次工业革命的决定性作用，电力技术对第二次工业革命的推动，电子和信息技术对第三次工业革命的推动，等等。冒着黑烟的列车、照耀夜晚的电灯、公文包里的手提电脑，都曾经是最耀眼的技术成就和时代缩影。然而，少有一项技术，能够对社会发展产生根本性的变革，以至于在一些领域可以重构人类文明历程中的那些默认的共识或认知基础，以及现有广泛被接受的秩序和规则，人类的未来极有可能因它而发生重大变化。这就是数字技术，被称为推动第四次工业革命的主要力量。

一、数字技术成为社会变革新力量

数字技术，尽管种类繁多，但其核心是将原有的随机变换的输入，即类似图像的线段或音频的声纹转变为不相连但成序列状排列的单元，也就是通过一定的方式变成计算机能处理的"0"和"1"的二进制码的过程。简言之，就是通过抽象和编码，使人们对信息的认知、存储、交换从分子介质进入原子介质的过程；经过数字化改造，人类的认知实现了从分子思维向原子思维的转变。尼古拉斯·尼葛洛庞帝（Nicholas Negroponte）在 1995 年发表的《数字化生存》中，将未来社会的发展趋势概括为"从原子到比特"。到了 20 世纪 90 年代，互联网技术飞跃式发展，我们从过去的只能处理转换文本信息，到现在能够实现对于图像和声音的同样转换模式。①

数字技术，并不是一项单一的技术（这可能是它具有如此深远影响的一个重要属性），而是已经形成了一个相互依赖和作用的数字技术生态系统（an ecosystem of interdependent digital technology）。数字技术生态系统构成较为复杂且处于不断变化中，但其主要构成要素有以下 7 种：物联网（Internet of Things）、新无线网络"5G"、云计算（cloud computing）、大数据分析（big data analysis）、人工智能（artificial intelligence）、区块链（block-chain）以及计算能力（computing power）。②

①　[英] 维克托·迈尔-舍恩伯格：《大数据时代》，周涛译，浙江人民出版社 2013 年版，第 104 页。
②　张成福、谢侃侃：《数字化时代的政府转型与数字政府》，《行政论坛》2020 年第 6 期。

7 项技术中每一项技术的发展，都蕴含了令人兴奋的巨大的可能性。过去的几十年中，随着计算能力的大幅提升和相应成本的下降，以及相关技术的发展，特别是互联网技术、数字技术得到了长足发展，数字生态系统在诸多要素的相互作用下，具备了比单一技术发展更强的功能，能够发挥重要的作用。与前三次工业革命相比，数字技术、数字生态系统和其他新技术的发展速度，以及其对经济社会产生的影响，都是前所未有的。新的技术革命正在以更快的速度改变着各种社会结构，推动着整个人类社会的转型，人类进入了数字化时代（the digital age）。

数字化的首要议题就是数字化转型（digital transformation），整个社会体系面临巨大的转型。2018 年 11 月 18 日，习近平总书记在亚太经合组织第二十六次领导人非正式会议上的发言就指出，中国正在大力建设"数字中国"，在"互联网+"、人工智能等领域收获一批创新成果。分享经济、网络零售、移动支付等新技术新业态新模式不断涌现，深刻改变了中国老百姓的生活。数字化转型成为每一个社会领域都面临的挑战，经济、社会和公共管理领域均是如此。这些领域的转型，共同构成了社会变革的进程。

（一）经济发展的数字化转型

关于数字经济的论述非常丰富。数据资本取代实体资本成为支撑价值创造和经济发展的关键生产要素，是数字经济最本质的特征。[①] 数据资本是指包含海量信息的流通数据经由分析处理技术衍生出的集成信息资产（如大数据），利用数据资本挖掘消费者潜在需求是开拓新商业模式、创新产品服务的关键。[②] 与传统经济相比，数字经济是信息技术革命产业化和市场化的表现，在提升信息传输速度、降低数据处理和交易成本、精确配置资源等方面具有独特优势。[③]

在数据成为关键生产要素的背景下，相比于工业经济中标准化生产创造的价值，新一代信息技术使服务这一非生产性活动能创造出更高的附加值，并且这一部分价值在数字经济时代逐渐占据主导。也就是说，"生产"的概念得到极大的拓宽，不仅包括标准化加工的价值，也包含非标准化服务创造的价值。[④] 数字经济时代的技术革新使工业经济的加工价值论演进为创新价值论。[⑤]

① 陈晓红、李杨扬、宋丽洁、汪阳洁：《数字经济理论体系与研究展望》，《管理世界》2022 年第 2 期。
② 丁志帆：《数字经济驱动经济高质量发展的机制研究：一个理论分析框架》，《现代经济探讨》2020 年第 1 期。
③ 许恒、张一林、曹雨佳：《数字经济、技术溢出与动态竞合政策》，《管理世界》2020 年第 11 期。
④ 姜奇平：《数字经济学的基本问题与定性、定量两种分析框架》，《财经问题研究》2020 年第 11 期。
⑤ 易宪容、陈颖颖、位玉双：《数字经济中的几个重大理论问题研究——基于现代经济学的一般性分析》，《经济学家》2019 年第 7 期。

数字化转型对经济发展方式产生重要影响，推动生产方式、生活方式和治理方式深刻变革，重组全球要素资源，重塑全球经济结构，甚至改变全球竞争格局。2021 年 12 月 12 日国务院颁布的《"十四五"数字经济发展规划的通知》指出："数字经济是继农业经济、工业经济之后的主要经济形态，是以数据资源为关键要素，以现代信息网络为主要载体，以信息通信技术融合应用、全要素数字化转型为重要推动力，促进公平与效率更加统一的新经济形态。"①

（二）社会发展的数字化转型

社会发展在数字技术的影响下也在发生重大的变化。

第一，对社会角色的冲击。在数字技术的深刻影响下，个体身份与群体身份不断发生转变，人们不再局限于某一个等级化或社会化的身份。信息的快速传播和无地域限制的扩散，使得原先毫无关联的情景，借由网络空间不断传播，每一个人都可以成为"感同身受"的当事人，同一个体可以具有多重角色与身份，社会关系和社交网络更加复杂，权力愈加分散。社会主体行为愈加虚拟化，主体角色多重且处于不断变化中，这与科层制政府主导的国家治理背景差异很大，不确定性充斥在社会各个领域。每个人扮演的社会角色越来越多，变化越来越

---

① 《国务院关于印发"十四五"数字经济发展规划的通知》，2022 年 1 月 12 日，见 http://www.gov.cn/zhengce/zhengceku/2022-01/12/content_1667817.htm。

快，原有的社会角色的确定性、固定性愈发模糊，新的角色层出不穷。

第二，对物质空间的冲击。在人类社会发展进程中，物质空间一直都是最重要的背景因素，是社会发展的重要基础。但数字化转型可能永久改变这一点，数字化彻底打破了物理空间限制。简单来看就是数字技术让人们的认知和感受突破了物质空间限制。在数字化技术加持下，社会治理也可以突破地域限制，远程的和自动化的管理轻而易举，跨越多个层级的直接管理同样可行。更复杂地看，就有可能出现脱离程度更高的体系，最具代表性的就是元宇宙。可以说，社会治理参与主体不仅是人与人之间的合作，更出现了"数字邻居"，此种交往环境会使时空概念发生重要变革。

第三，对规则、秩序与价值的冲击。现代社会的规则、秩序和价值，是在由人情社会向现代社会的理性化过程中逐渐形成的。数字技术不是凭空出现的，自其诞生之日起便内化了当时当地的规则与秩序基因。一方面，数字技术的飞速发展，已经在很多领域触及现有规则与秩序建构的基础，数字化本身也需要更加全面和深入的规则；另一方面，很多时候技术本身是中性的或正确的，但运用技术的目的却并不能如此保证，数字化转型的社会，也需要规则与秩序的转型。[①] 在社会的数字化

---

① 徐顽强：《数字化转型嵌入社会治理的场景重塑与价值边界》，《求索》2022 年第 2 期。

转型中，统一与分歧并存的态势日益明显，技术壁垒不断突破的同时，市场竞争和各自为政的困境比比皆是。如何在治理领域形成一致的价值导向，凝聚共识，有效遏制住碎片化转型的弊端……真正实现以人为本的整体性治理，仍然急需价值层面的澄清认同。①

（三）政府管理的数字化转型

政府治理的数字化，改变了原有政府主导的单向管理模式，借助互联网治理平台和数据驱动，众多主体都可以参与到治理中，治理体系内部的协同性显著提升，为精准及时满足群众诉求，建设回应型政府，实现整体性治理提供了有效途径。② 公共部门的主要职责是为公民提供有效的公共服务，数字化的价值就在于通过数字化过程改善公共服务的质量，衡量政府数字化转型绩效的关键在于是否实现了公共服务向以人民为中心的转变。

政府的数字化转型过程可以分为 5 个阶段：电子化政府（E-government），关注焦点是如何方便使用者和节约成本，在网上提供服务；开放政府（open government），主要的推动力

---

① 《数字社会建设：挑战、机遇与理论创新》，2021 年 12 月 27 日，见 https://theory.gmw.cn/2021-12/27/content_35408976.htm。
② 蔡跃洲：《中国共产党领导的科技创新治理及其数字化转型——数据驱动的新型举国体制构建完善视角》，《管理世界》2021 年第 8 期。

和目标是政府的公开和透明；数据中心的政府（data-centric-government），推动力和目标在于人民的价值，即向人民提供建立在数据基础上的公共服务；转型实现的政府（fully transformed government），公共部门组织已经完全认同并致力于以数据为主要途径改善政府的运作和服务，并依据开放数据的原则创新政府，跨部门和组织的数据流动成为常态，可以向社会提供更好的服务；聪慧的政府（smart government），运用开放数据实现数字创新的过程已经深度融入整个政府中，创新的过程是可预测的、可重复的。

数字政府的基本特征主要体现在6个方面：从现有流程的数字化到设计的数字化；从信息中心的政府到数据驱动的政府；从封闭的政府到开放的政府；从政府中心到使用者和人民中心；从政府作为公共服务的提供者到政府作为公共服务共同创造的平台；从被动的政府到积极前瞻性政府。

总之，通过数字化转型，数字政府不仅是可信赖的、可预测的政府（reliability and predictability），而且是具有开放性和透明性的政府（openness and transparency），既是负责任的政府（accountability），也是能够有效运作和提供服务的政府（efficiency and effectiveness），这正是数字政府的基本特征。①

---

① 张成福、谢侃侃：《数字化时代的政府转型与数字政府》，《行政论坛》2020年第6期。

（四）数字化转型的挑战及应对

当然，数字化转型不会是仅有优势一面，其对经济社会的挑战也是不能忽视的。挑战主要包含以下 3 个主要方面。

一是"规避复杂"与复杂化的矛盾。数字技术转型会使得原来的经济、社会和政府管理面临更加复杂的现实，这种复杂既不是消极的，也不能说是积极的，而是转型带来的必然的、客观的结果。然而，面对技术化社会的高度复杂性时，传统的社会治理方式往往会捉襟见肘。从已有文献可以看出，传统社会治理方式更多是将应用技术的治理活动看作是国家试图对社会复杂性进行简化的活动①，技术手段被用于实现简化复杂性，这在理念上是将复杂性视为社会治理的麻烦。

二是"分而治之"与系统性的矛盾。传统的政府管理和社会治理采取的是分而治之的逻辑，无论是政府的职权部门划分，还是社会政策中的领域划分，都是具体体现。因为没有什么将大问题划分为小问题，将综合问题拆解为分领域问题更能降低解决成本的了。分而治之也是规避复杂的实践体现。但是，复杂社会中各个要素之间紧密相关、相互影响，每一个要素的运作都是其他要素运作的前提，每一个要素的运作也会影响其他要素。分而治之的后果并不是各个击破，而往往是忽略

---

① 彭亚平：《技术治理的悖论：一项民意调查的政治过程及其结果》，《社会》2018 年第 3 期。

了主体之间、领域之间以及问题之间错综复杂的关联性。①

三是"由此及彼"与新情境的矛盾。经济社会发展和政府管理，通常是在遇到问题之后开始解决问题，并将问题解决过程上升为经验，进而向同领域的其他问题或者其他领域拓展。这种由实践—认知—规律认知—再实践的方式可以在一定程度上避免类似问题的出现，但在数字化时代，在新的情境下，新条件出现引发新问题时，没有现成或类似经验参考，便无法及时地给出有效风险预测，在发现风险隐患时，损失可能已经形成了。

如同改革开放中的问题，需要进一步深化改革开放予以解决，数字化转型过程中的问题需要进一步深入推进数字化来解决。

一是直面复杂性，以更广泛的数字技术应用，为人们创造认识复杂性的新机会和新途径，形成直面复杂的社会治理理念。二是扩而治之，通过数字技术的广泛应用拓宽应对复杂性的思路，形成扩而治之的社会治理策略，取代将问题分解的方式，借由仿真和虚拟技术，采取由一个问题衍生出的许多平行问题的方式，扩大治理效能。在此基础上，三是强化预测能力，通过数字技术提高数据抓取和分析的精准度和时效性，结

---

① 王飞跃：《基于 ACP 方法的平行计算：从分而治之到扩而治之》，《软件和集成电路》2019 年第 9 期。

合大数据的分析，得到更符合现实的多主体仿真模型，由此对各种风险的发生作出有效事前预测，并在此基础上给出预治方案。①

二、数字社会是人人共享的新形态

人人共享并不是一句空话，在数字技术转型的过程中，人人共享开始从理念逐渐成为实践，成为体制机制，甚至成为制度。

（一）人人共享的经济发展：长尾效应与克服信息不对称

1. 长尾效应：需求方的规模经济

长尾效应（The Long Tail）最初用来描述诸如亚马逊公司、Netflix 和 Real. com/Rhapsody 之类的网站商业和经济模式，是指那些不受大众重视的、销量小的，但种类多的产品或服务，由于总量巨大，累积起来的总收益超过主流产品的现象。在数字经济之前，长尾的尾部并不为大多数企业所重视，人们所强调的，无非是对积少成多的商业模式的认可，这也是该称谓能够引起人们关注的原因。

---

① 乔天宇、向静林：《社会治理数字化转型的底层逻辑》，《学术月刊》2022年第 2 期。

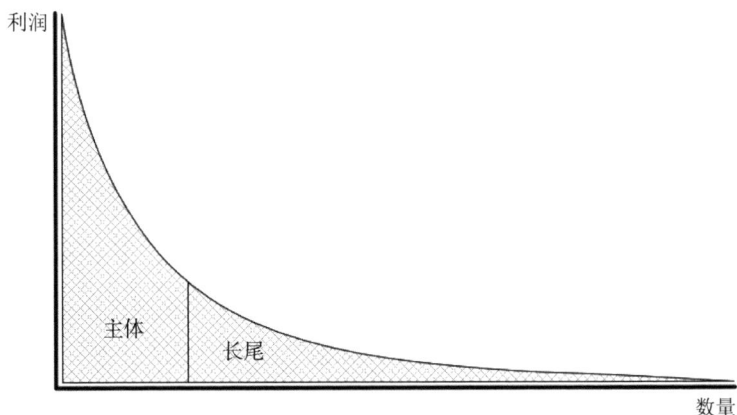

图 1-1 长尾效应模型

在数字经济转型之后，随着技术水平的提高、搜索成本及制造成本的降低，小众的、个性化的需求能够被满足的程度逐渐提升，产品的种类将快速发展，消费者的个性化需求被不断满足，使曲线趋于平缓，更多的品种能够进入大众市场，更长的尾部需求得到满足，体现出一种"需求方的规模经济"。在此背景下，市场将更加重视对尾端的关注，每一位消费者的个人偏好都将最大限度地得到满足。IMB 商业价值研究院在《数字化变革——为截然不同的未来做好准备》的报告中指出，以个人为中心的经济时代正在到来。数字化正迅速改变着个人和企业互动的本质，结果造就了以个人为中心的经济；以个人为中心的经济的特征是产品差异化和个人化市场细分，目标是为消费者创造价值；灵活、整合、定制和响应成为衡量经济数字化转型的关键指标。①

2. 区块链：克服信息不对称

信息不对称是市场交易成本的主要来源之一。随着区块链等数字新技术的发展，交易成本理论的核心内容逐渐发生变化。数字技术发展弱化了"信息不对称"假设。传统理论默认"信息不对称"影响下的交易成本始终存在，而区块链技术通过智能合约重构，使得有可能消除交易成本，通过将信息多点记录和共享（即分布式记账），确保数据存储和交易过程公开透明、不被篡改。智能合约通过建立信任机制有效解决了交易双方信用评级、交易风险评估、交易事后执行中的"信息不对称"问题。②

（二）人人共享的社会发展：全数据、精细化与信任机制

1. 从"随机样本治理思维"到"全量数据治理思维"

传统的社会治理因为数据掌握能力有限，通过随机样本力图描绘全局的努力一直在持续。但统计科学一再证明，采样调查的准确性和样本数量之间始终存在不确定性，更不必说完全

---

① 《数字化变革——为截然不同的未来做准备》，见 https://www.ibm.com/downloads/cas/1ZWGGW2K。
② 陈晓红、李杨扬、宋丽洁、汪阳洁：《数字经济理论体系与研究展望》，《管理世界》2022 年第 2 期。

的随机样本非常难以实现。在数字化技术的支持下，随机样本治理思维能够实现从根本上向全数据治理思维转变。数据采集、数据处理、数据分析等成本快速下降，海量数据顷刻间就可以加工完成。全数据分析不再是停留于纸面的设想，对全局的把握成为现实。这样，社会中的每一位公民，其生存状况、利益诉求和个性偏好等，都展现在社会治理平台中，人为的或者技术的对部分群体的忽视，将不再会出现，社会治理的"灰色地带"将不复存在。

2. 精细化治理与需求导向

建立在传统行政体制基础之上的社会治理，呈现出一种典型的"中心—边缘"治理结构，其决策中心数量少且集中，依赖自上而下的行政指令运行，在适应复杂社会方面越发疲惫。在数字化技术的支持下，社会治理首先可以实现人人有声音，每个个体的诉求都会被采集和记录。其次，社会治理可以实现精准定位，传统分级分类标准一再被打破。再次，可以实现精细化的政策研究，政策议程更加切合以问题为导向的社会治理精细化诉求。最后，通过人人发声、精准定位和精细政研，精细化的、靶向化的政策实施得以实现，政策落实更加精准，更加聚焦落实的效率和效能。社会治理从"职能为导向"向满足公众的"需求为导向"方向发展。数字技术已助力弥合了传统发展方案难以逾越的鸿沟，也可惠及通常被排除在外的脆弱人群。

3. 信任机制与人人共享的社会治理

人类社会的发展愈加复杂，进入了如哈贝马斯所说的"复杂社会"。复杂社会中的信任与合作，涉及人际、人机以及特定社会组织之间的交互，将带来新的问题和挑战，社会治理任务和难度激增。数字技术将为解决复杂问题提供抓手，尤其是区块链技术对信任机制的重构，将为社会治理带来突破性进展。

区块链将成为构建复杂社会中人际信任和社会合作的底层数字技术，并逐步拓展到社会生活的更多领域。社会共识与社会信任确保后，社会合作成本将大大降低；有了可靠的信任机制，合作和工作效率得到提升，人与人之间的诚信关系得以深化发展。进一步，区块链技术保障的信任机制逐渐向社会治理领域拓展，在分布式身份管理、行为治理等手段的加持下，基于区块链技术的社会治理系统中间层级减少，社会治理的公民参与度更大，社会治理的扁平化程度增强，每一个公民都可以成为"关键节点"，每个人的行为都会被记录和认证，公民的参与不再是简单的代议或选票，区块链赋能的治理是真正人人共享的治理。

（三）人人共享的政府管理：以人民为中心的服务典范

在数字化转型后，政府的服务将向以人民为中心的服务典范（Citizen centricity）发展，政府管理也可以做到人人参与、人人分担、人人共享。新的服务典范具有以下特点：

政府的服务能力不断增强。一是跨部门的整合服务越来越完善，通过数字政府服务平台，公民可以通过单一的数字政府的入口网站得到完整的、跨机关的、整合式的服务。二是服务的及时性越来越高，随着移动网络和无线宽频时代的到来，政府可以将信息及服务立即传送并告知公民，并与公民保持双向的互动。在超网络时代，政府与公民之间可以随时随地进行信息的交流，政府公共服务外包的范围和深度在数字化技术的支持下不断拓展，与企业、社会组织逐渐形成新型合作伙伴关系，协作、互助、有机结合的成分更加突出，共同提供更符合公民需求的创新数字服务。其中，数字化技术的重要角色体现在监督和评估方面，即各类公共服务，无论是政府提供还是政府委托相关机构提供，其服务的内容和质量将受到全面的监督，信息的畅通程度远高于以往。这样，数字化从另一个角度不断推动新型的政府与非政府组织关系的形式，各类组织有机结合在提升公共服务质量和公共参与程度的范畴下。

第二章　实现共同富裕和美好生活的强国梦

　　习近平总书记在庆祝中国共产党成立 100 周年大会上指出，我们必须推动人的全面发展、全体人民共同富裕取得更为明显的实质性进展。同时强调，我们坚持和发展中国特色社会主义，推动物质文明、政治文明、精神文明、社会文明、生态文明协调发展，创造了中国式现代化新道路，创造了人类文明新形态。① 经过全党全国各族人民持续奋斗，我国全面建成小康社会，顺利实现第一个百年目标，中华民族几千年的梦想得以实现，中国社会发生历史性变革，中华民族焕发勃勃生机。在迈向第二个百年目标的新征程中，我们必须站在创造人类文明新形态的战略高度，大力开展中国特色社会主义实践，坚持以人民为中心，在全面小康基础上，继续推进中华民族伟大复兴的时代步伐，向新发展阶段更高水平、更高质量发展要效益，促进共同富裕、实现人的全面发展，为人类文明的发展进步贡献中国智慧和中国力量。

---

① 习近平：《在庆祝中国共产党成立 100 周年大会上的讲话》，《人民日报》2021 年 7 月 2 日。

一、实现共同富裕是中国特色社会主义的本质要求

实现全民温饱和富裕是中华民族几千年的追求，《诗经·大雅·民劳》有云："民亦劳止，汔可小康。惠此中国，以绥四方。"然而由于生产力水平等原因，历朝历代只有盛世和治平之时才可见"小邑犹藏万家室"。近代以来，中国落后于世界工业革命潮流，沦为半殖民地半封建社会，国家蒙辱，人民蒙难，文明蒙尘。中国仁人志士从未停止探索奋争，不同阶层先后提出和践行救国方案，但都难逃失败命运。新文化运动以后，中国知识分子不仅反思中国传统文化，也开始在世界革命大潮中寻找中国道路，巴黎和会上帝国主义出卖中国利益行径警醒了他们，送来"德先生""赛先生"的所谓"文明国家"彻底撕去伪装面具，这也预示着中国式现代化道路必须走不同于西方国家的新路。"十月革命一声炮响，给我们送来了马克思列宁主义"，先进的中国人选择了马克思主义，创立了中国共产党，推进马克思主义中国化进程，不仅实现了国家独立、民族解放，也在中华大地上第一次建立了人人平等、人民当家作主的社会主义制度。改革开放以来，随着中国特色社会主义市场经济的建立，中国加入世界贸易组织，释放了亿万群众的积极性，"贫穷不是社会主义"，劳动致富、消除贫困成为强大的社会

发展动力。中国特色社会主义进入新时代，我们向绝对贫困现象发起最后总攻，发挥社会主义制度优势和治理优势，如期全面建成小康社会，为实现共同富裕的美好生活奠定了坚实物质基础。

回望历史，共同富裕、公平正义的民生状况是各国人民一直以来的追求，各国人民都为之做出了持久的探索。马克思主义的根本诉求是建设共产主义、实现人的全面发展，实现共同富裕是促进人的全面发展的必要条件。中国共产党作为马克思主义政党，立党之初就把为中国人民谋幸福、为中华民族谋复兴确立为自己的初心使命，把带领人民创造美好生活、实现共同富裕作为矢志不渝的奋斗目标。从脱贫攻坚到乡村振兴，我们不断满足人民群众对美好生活的向往，坚持以人民为中心的发展思想，以保障和改善民生为重点，发展各项社会事业，促使改革发展成果更多更公平惠及全体人民。当前，我们进入新发展阶段，开启全面建设社会主义现代化国家的新征程，解决发展不平衡不充分问题、实现全体人民共同富裕和人的全面发展是必须破解的时代课题。

习近平总书记 2021 年 8 月 17 日在中央财经委员会第十次会议上的讲话中指出："共同富裕是社会主义的本质要求，是中国式现代化的重要特征。我们说的共同富裕是全体人民共同富裕，是人民群众物质生活和精神生活都富裕，不是少数人的富裕，也不是整齐划一的平均主义。要深入研究不同阶段的目标，分阶段促进共同富裕。"① 习近平总书记的重要论断科学总结了中国特色社会主义制度下共同富裕的重要内涵，是促进共同富裕的根本遵循。《中共中央国务院关于支持浙江高质量发展建设共同富裕示范区的意见》中明确提出："共同富裕具有鲜明的时代特征和中国特色，是全体人民通过辛勤劳动和相互帮助，普遍达到生活富裕富足、精神自信自强、环境宜居宜业、社会和谐和睦、公共服务普及普惠，实现人的全面发展和社会全面进步，共享改革发展成果和幸福美好生活。"② 一方面，中国经过几十年发展，整体经济实力大幅提升，社会文明稳步提升，已经进入高人类发展水平国家序列③，但在区域发展、城乡建设等方面还存在不均衡现象，物质生活和精神生活领域也不协调，人与自然关系还需要进一步调整，创造全体人民的美好生活还需要逐一破解不平衡、不充分、不协调等发展难题，为共同富裕创造良好的外部机制条件；另一方面，新发展阶段的共同富裕是全民共富、全面共富、共建共富、逐步共富，这就意味着在共同富裕过程中更要注意构建公平公正的社会机制、建设科学规范的市场机制、倡导健康文明的社会风气、促进互助合作的社会关系、人的精神面貌积极向上，充分

---

① 《习近平谈治国理政》第四卷，外文出版社 2022 年版，第 142 页。
② 《中共中央国务院关于支持浙江高质量发展建设共同富裕示范区的意见》，人民出版社 2021 年版，第 2 页。
③ 王谋、康文梅、张斌：《改革开放以来中国人类发展总体特征及驱动因素分析》，《中国人口·资源与环境》2019 年第 10 期。

体现社会主义核心价值观和中华优秀传统文化理念，建设持续、可靠、积极的制度保障，激发人民群众实现共同富裕的积极性、创造性和主动性。

二、共同富裕的时代内涵

共同富裕是中国共产党一以贯之的目标和使命。纵观共同富裕思想在中国的实践演进历程，中国共产党人针对共同富裕思想不断深化理论内涵、丰富实践探索。毛泽东同志首倡"共同富裕"，先后领导开展新民主主义革命、社会主义革命和建设，实现了共同富裕思想在中国的伟大尝试①；邓小平同志将社会主义的本质精准提炼为"解放生产力，发展生产力，消灭剥削，消除两极分化，最终达到共同富裕"②，并指出"一部分地区、一部分人可以先富起来，带动和帮助其他地区、其他的人，逐步达到共同富裕"③；江泽民同志强调兼顾效率与公平，指出"既鼓励先进，促进效率，合理拉开收入差距，又防止两极分化，逐步实现共同富裕"④；胡锦涛同志强调坚持科学发展观，在以人为本中实现共同富裕，"使全

① 许云超：《深刻把握推进共同富裕的理论内涵与实践要求》，《山东干部函授大学学报（理论学习）》2021 年第 11 期。
② 《对小平年谱》（1975—1997）下卷，中央文献出版社 2004 年版，第 1343 页。
③ 《邓小平文选》第三卷，人民出版社 1993 年版，第 149 页。
④ 《江泽民文选》第一卷，人民出版社 2006 年版，第 277 页。

体人民共享改革发展的成果，使全体人民朝着共同富裕的方向稳步前进"①。中国共产党人不断扎实推进共同富裕目标的实现。

中国特色社会主义进入新时代，习近平总书记多次强调"共同富裕是社会主义的本质要求"，要"让发展成果更多更公平惠及全体人民"。他将共同富裕作为社会主义现代化的重要目标，在 2021 年 8 月 17 日中央财经委员会第十次会议时强调，共同富裕"是中国式现代化的重要特征"②。针对新时代实现共同富裕的重要性，习近平总书记指出，必须"适应我国社会主要矛盾的变化，更好满足人民日益增长的美好生活需要，必须把促进全体人民共同富裕作为为人民谋幸福的着力点"③。习近平总书记提出坚持以人民为中心的发展思想和新发展理念，通过精准扶贫、城乡一体化建设、共同富裕示范区建设等丰富举措，不断推进共同富裕目标的实现。同时，"十四五"规划纲要草案明确提出了要"制定促进共同富裕行动纲要"，将实现共同富裕的实践路径进一步明晰。

国家发展改革委副主任胡祖才在 2021 年 3 月 8 日国务院新闻发布会上指出，共同富裕要从四个维度来把握，即全民共富、全面富裕、共建共富、逐步共富。杨宜勇在此基础上进一

① 《十六大以来重要文献选编》中，中央文献出版社 2008 年版，第 172 页。
② 《习近平谈治国理政》第四卷，外文出版社 2022 年版，第 142 页。
③ 《习近平谈治国理政》第四卷，外文出版社 2022 年版，第 141 页。

步将这四个维度的关系凝练为"全民共富是主体，全面富裕是目标，共建共富是机制，逐步共富是过程"①。在中国特色社会主义新时代，共同富裕的内涵可以概括为以下四点。

在以人民为中心中实现全民富裕。习近平总书记指出"共同富裕是全体人民共同富裕，不是少数人的富裕，也不是整齐划一的平均主义"②。让人民群众共享改革成果是中国共产党践行"为中国人民谋幸福、为中华民族谋复兴"的初心使命的重要体现。习近平总书记在 2015 年 5 月党外人士座谈会上强调，"我们追求的发展是造福人民的发展，我们追求的富裕是全体人民共同富裕"③。因此，在新时代实现全民富裕必须坚持以人民为中心的发展思想，将坚持全心全意为人民服务作为党一切行动的根本出发点和落脚点。要坚持基本经济制度，将坚持先富带后富机制，允许一部分人先富起来，同时要强调先富带后富、帮后富；加强基础性、普惠性、兜底性民生保障建设，增进人民福祉，让人民群众切实增强获得感；促进基本公共服务均等化，推进城乡一体化发展，加强区域发展平衡性，缩小区域人均财政支出差异，加大对欠发达地区的支持力度。

---

① 杨宜勇：《全民共富：富裕是前提，共同是关键》，《小康》2021 年第 28 期。

② 《习近平谈治国理政》第四卷，外文出版社 2022 年版，第 142 页。

③ 《习近平关于社会主义社会建设论述摘编》，中央文献出版社 2017 年版，第 35 页。

在高质量发展中实现共同全面富裕。共同富裕是经济、政治、文化、社会、生态等多领域的全面富裕。习近平总书记强调，共同富裕"是人民群众物质生活和精神生活都富裕"①。施红和程静认为，高质量发展和实现共同富裕具有内在一致性，共同富裕是高质量发展的内在要求，高质量发展是推进共同富裕的坚固基石。因此，在新发展阶段推进共同富裕，必须牢牢坚持高质量发展。② 一方面，高质量发展有助于"做大蛋糕"。在高质量发展中，以供给侧结构性改革为主线，不断完善产业体系，推动产业结构转型升级，提升经济循环效率，提供丰富多样的消费产品，满足人民群众对美好生活的需要。同时，高质量发展兼顾质量和效益，强调在发展中加强对生态环境的保护，有助于为人民群众守护绿色生态环境。另一方面，高质量发展有助于"分好蛋糕"。在高质量发展中，完善收入分配制度和个人所得税制度，加大税收、社保、转移支付等调节力度并提高精准性，兼顾效率与公平，为人民群众提供公平和谐的社会环境和舒适安定的生活。

在健全社会治理格局中实现共建共富。共同富裕是全体中国人民的共同目标和事业，实现共同富裕需要全体人民共同参与、共同推进。习近平总书记在党的十九大报告中提出，"打

① 《习近平谈治国理政》第四卷，外文出版社 2022 年版，第 142 页。
② 施红、程静：《在高质量发展中扎实推进共同富裕》，《光明日报》2021 年 10 月 26 日。

造共建共治共享的社会治理格局"①。健全的社会治理格局是动员广大人民凝心聚力推进共同富裕的重要途径。共建,即共同参与社会建设,推进共同富裕离不开党的坚强领导,更离不开全体人民的辛勤劳动,要鼓励人民群众创新、勤劳致富,提高群众就业创业能力,为更多人提供致富机会,鼓励人民共同推进共同富裕。共治,即共同参与社会治理,要完善党委领导、政府负责、民主协商、社会协同、公众参与、法治保障、科技支撑的社会治理体系②,打造共同富裕共同体,发挥全国上下一盘棋、集中力量办大事的制度优势,在社会各界努力中扎实推进共同富裕。共享,即共同享有发展成果,要让人民群众成为共同富裕的最大受益者和最终评判者,让人民群众在共享发展成果中增强获得感、幸福感、安全感,在共建共富中有参与、有所得。

在全面统筹推进中实现逐步共富。共同富裕是一个长期目标和长期事业,需要我们矢志不渝长期推进。当前我国发展不平衡不充分的问题仍然突出,我们必须认识到实现共同富裕的长期性、艰巨性、复杂性,坚持循序渐进和量力而行,在全面统筹推进中逐步实现共同富裕。一方面要制定阶段性目标,分阶段逐步实现共同富裕。习近平总书记在中央财经委员会第十

---

① 《习近平谈治国理政》第三卷,外文出版社 2020 年版,第 353 页。
② 《中共中央关于坚持和完善中国特色社会主义制度　推进国家治理体系和治理能力现代化若干重大问题的决定》,人民出版社 2019 年版,第 28 页。

次会议中指出，"到'十四五'末，全体人民共同富裕迈出坚实步伐，居民收入和实际消费水平差距逐步缩小。到 2035 年，全体人民共同富裕取得更为明显的实质性进展，基本公共服务实现均等化。到本世纪中叶，全体人民共同富裕基本实现"①。另一方面，要坚持全面统筹，坚持"五位一体"总体布局和"四个全面"战略布局，加强全领域统筹联动，在科学规划部署和层层推进中实现逐步共富。

三、美好生活的时代内涵

纵观人类历史，人们始终对美好生活抱有深深向往和矢志追求。但不同地区的人们在不同历史时期对美好生活有不同的理解和勾画。春秋时期，齐国管仲将美好生活描绘为"仓廪实而知礼节，衣食足而知荣辱"。古希腊时期，哲学家柏拉图在《理想国》中将美好生活定义为公平正义、各司其职的。文艺复兴时期，空想社会主义者康帕内拉在《太阳城》中这样描绘：美好生活劳动得到充分尊重、儿童接收社会教育、公有制符合自然法和人性。而进入 19 世纪，马克思则认为美好生活是"人的全面自由发展"。20 世纪初，孙中山先生提出"三民主义"，认为美好生活是自由、平等、博爱的，是"天

---

① 《习近平谈治国理政》第四卷，外文出版社 2022 年版，第 142 页。

下为公""世界大同"的。由此可见，不同历史时期的人民虽然对美好生活有不同的思考和理解，但是对美好生活的追求贯穿人类发展历史。

习近平总书记多次强调"永远把人民对美好生活的向往作为奋斗目标"①，并将满足人民群众对美好生活的向往写入全面建成小康社会、社会主义现代化、建成社会主义现代化强国等党的多个阶段性目标中，将为人民提供美好生活融入党的工作和发展中。立足于我国所处的历史方位和发展阶段，党的十九大报告明确指出，"中国特色社会主义进入新时代，我国社会主要矛盾已经转化为人民日益增长的美好生活需要和不平衡不充分的发展之间的矛盾"，并对美好生活的内涵提出了符合时代要求的科学判断，"人民美好生活需要日益广泛，不仅对物质文化生活提出了更高要求，而且在民主、法治、公平、正义、安全、环境等方面的要求日益增长"。②

美好生活是一个动态的概念，在不同时期具有不同内涵。随着中国经济不断发展，人民生活水平日益提高，在中国特色社会主义新时代，人们对美好生活的期待和需要更强调领域全面性、内容丰富性、品质卓越性。尤其是从领域来看，区别于新中国成立初期，人民已不再满足于吃饱穿暖等基本物质条件，而是追求更高层次多样化的生活需求，追求人的全面发展

---

① 《十九大以来重要文献选编》上，中央文献出版社2019年版，第1页。
② 《习近平谈治国理政》第三卷，外文出版社2020年版，第9页。

和社会的全面进步。因此，新时代美好生活的内涵可以从经济、政治、社会、文化、生态五个维度来分析。

美好生活是物质基础充裕富足的生活。根据马斯洛需求理论，衣食住行等生理需要是人类最基础、最必不可少的需求。充足的物质条件是美好生活的基础。在党和人民的不懈努力下，2020年我国全面建成小康社会，实现第一个百年目标，解决了几亿人的温饱问题。未来人们将会在此基础上更加追求物质的多样性，例如先进便捷的电子设备、智能化的家居产品、时尚多样的服装饰品等立体化、多样化的消费。此外，人们也将追求更为全面便捷的生活服务，追求更高品质的教育、医疗、养老、健身、住宅、交通等。富足的物质条件是新时代美好生活的重要基础。

美好生活是政治生活公平正义的生活。党的十九大报告指出："人民美好生活需要日益广泛，不仅对物质文化生活提出了更高要求，而且在民主、法治、公平、正义、安全、环境等方面的要求日益增长。"[1] 随着我国经济社会的发展和物质文化生活水平的提高，人民群众的民主意识日益增强，参与民主选举、民主协商、民主决策、民主管理、民主监督的需求与日俱增。[2] 积极有序的政治生活和公平正义的法治环境是人民的

---

[1] 《习近平谈治国理政》第三卷，外文出版社2020年版，第9页。
[2] 顾训宝、王爱玲：《人民美好生活需要的新时代内涵及实现路径》，《中共山西省委党校学报》2020年第1期。

重要追求。一方面，要保障人民行使当家作主的权利，保障人民依法行使政治权利，保障良好的政治生态；另一方面，要全面推进依法治国，推进法治国家、法治政府、法治社会一体化建设，维护法律权威、捍卫公平正义、保障人民权益。

美好生活是社会环境和谐安定的生活。马克思认为"人的本质……是一切社会关系的总和"①，人民的幸福感、安全感很大程度上来源于安全和谐的社会环境。随着新时代经济全球化和社会信息化的发展，人的社会化程度越来越高，对社会生活的要求也必然更高。② 习近平总书记多次强调要"把增进民生福祉作为发展的根本目的，在发展中补齐民生短板"。为人民群众提供美好的社会生活，一方面要保障生活安全，如生命健康安全、住房安全、食品安全、交通安全、生产安全、网络安全、国家安全等；另一方面要维护社会和谐，提升社会治理水平，打造共建共治共享的社会治理格局，加强社会保障体系建设，大力发展教育、医疗、养老等行业，解决人民最关心最直接的问题，让改革发展成果更公平地惠及民心。

美好生活是精神文化丰富自信的生活。党的十九大报告指出："满足人民过上美好生活的新期待，必须提供丰富的精神

---

① 《马克思恩格斯选集》第 1 卷，人民出版社 2012 年版，第 139 页。
② 廖小琴、刘欣怡：《新时代人民美好生活需要的基本内涵与实现路径》，《湖北行政学院学报》2019 年第 2 期。

食粮。"① 随着人民生活水平的不断提高，人们对精神生活提出了更好的要求，追求高层次、多元化、高品质的精神食粮。美好的精神生活是极高程度的文化自觉和文化自信，一是有丰富多样、品质卓越的文化产品；二是有健康有序、风清气正、自由多元、蓬勃发展的文化市场；三是鼓励文化创作与文化创新；四是传承和发扬中华优秀传统文化，以生生不息的民族精神提高中国文化软实力；五是提高大众的文化鉴赏能力和审美水平，引导群众自觉抑制粗制滥造、思想消极的文化作品和价值观念。

美好生活是生态环境和谐优美的生活。自然界是人类赖以生存和发展的基础，和谐优美的生态环境是衡量人类生活质量的重要标准。党的十九大报告中指出，"我们要建设的现代化是人与自然和谐共生的现代化，既要创造更多物质财富和精神财富以满足人民日益增长的美好生活需要，也要提供更多优质生态产品以满足人民日益增长的优美生态环境需要"②。习近平总书记强调，"良好生态环境是最普惠的民生福祉。要坚持生态惠民、生态利民、生态为民，重点解决损害群众健康的突出环境问题，不断满足人民日益增长的优美生态环境需要"③。2020 年习近平总书记在联合国成立 75 周年系列高级别会议上

---

① 《习近平谈治国理政》第三卷，外文出版社 2020 年版，第 34 页。
② 《习近平谈治国理政》第三卷，外文出版社 2020 年版，第 39 页。
③ 《十九大以来重要文献选编》上，中央文献出版社 2019 年版，第 451 页。

宣布，中国力争 2030 年前二氧化碳排放达到峰值，2060 年前实现碳中和目标。为实现"双碳目标"、实现美丽中国，一方面要实现绿色生产，加强科技创新，依托新能源和节能减排、污染处理技术降低生产带来的负面环境影响；另一方面要引导群众普及绿色生活方式，增强环保观念，要坚持全民共治、源头防治。

第三章　区块链赋能共同富裕和美好生活

一、构建实现强国梦的中国特色区块链

（一）数字化转型为促进共同富裕美好生活带来新机遇

20世纪80年代，美国开始将信息作为拉动经济增长的重要因素，1990年开始建设"信息高速路"。2000年以来，我国部分地方开始尝试数字化建设，尤其是在技术应用层面大力推广数字技术的应用。党的十八大以后，中国特色社会主义进入新时代，以习近平同志为核心的党中央从全局发展出发，提出"数字中国"战略，全面提速经济、社会、文化、治理、军事等各方面数字化转型。从数字福建到数字中国的谋划，体现了以习近平同志为核心的党中央对信息时代发展契机的敏锐把握，对数字化发展与应用的前瞻性布局。在数字中国发展战略的指引下，"十三五"期间我国数字化建设取得显著成效，

自主创新能力大幅度提升。①

　　数字中国有两个重要维度，也是我国数字化发展的主要特征，即产业数字化、数字产业化。伴随着从地方到全面推广的产业数字化进程，我国逐步积累了数字产业化优势，并在部分领域取得了国际领跑地位，对经济社会发展进步和国际产业链、价值链塑造产生重大影响。习近平总书记指出，进入 21 世纪以来，全球科技创新进入空前密集活跃的时期，新一轮科技革命和产业变革正在重构全球创新版图、重塑全球经济结构。以人工智能、量子信息、移动通信、物联网、区块链为代表的新一代信息技术加速突破应用，科学技术从来没有像今天这样深刻影响着国家的前途命运，从来没有像今天这样深刻影响着人民生活福祉。② 这启示我们，作为数字经济的重要核心技术，区块链不仅支撑了人工智能等新生产力，还以底层技术优势塑造着经济社会的新形态。发端于加密数字货币的区块链技术，以其公开透明、去中心化、防篡改等特质成功"破圈"，吸引了来自信息技术产业及其他应用领域的广泛关注，并在引入智能合约技术后迅速投入企业各类应用场景，率先在金融、保险、能源、

---

① 常庆欣：《建设数字中国的时代意蕴和重点领域》，《人民论坛》2021 年第 23 期。
② 习近平：《努力成为世界主要科学中心和创新高地》，《求是》2021 年第 6 期。

司法、医疗等领域得到实质推广应用，深刻改变了上述领域的传统业态。

在适应各类应用场景需要的持续推动下，区块链技术加速创新，如今年迅速流行的 NFT（非同质化通证）自 2021年在艺术品拍卖市场应用之后，迅速扩展到游戏、艺术、教育等多领域，繁荣了全球思想创造和艺术创作市场，2022年更是带来一波技术应用场景的大爆发，为区块链奠定在数字文明时代的底层技术地位又带来一个充分的技术原由。NFT 成功实现了确权对象的个性化和不可替代性，是保护思想创新、艺术创造的理想数字化方案，是赋能知识创造的技术支撑。互联网也从信息互联网正式走向价值互联网阶段，由区块链引发的广泛而深刻的经济社会变革呼之欲出，一个大家期盼许久的数字经济时代正在区块链技术的迭代演进中加速来临。

与之相呼应，区块链不仅影响经济社会面貌，也深刻影响着人的思维方式和价值观念，由互联网思维发展到区块链思维也预示着数字技术催生的经济社会新形态在公平正义、共享共生、规范可靠等方面已经初步具备底层技术架构和实然运行机制。"双创"活动开展以来，"互联网+"迅速得到应用，创造了新的商业模式，也带来了大众创业的良好技术条件，形成了繁荣市场的"互联网思维"。与此同时，"区块链思维"也在悄然兴起，即技术架构的可靠性、分配过程的公平性、成员行为的规范性。① 这与实现共同富裕的科学内涵具有高度的内在一致性和互相支撑性，在数字经济深入渗透与改变实体经济的态势下，推动人的全面发展、实现全体人民共同富裕必将迎来更可预期的亮丽前景。

（二）构建助力实现共同富裕的中国特色区块链体系

2021年10月18日，中共中央政治局就推动我国数字经济健康发展进行第三十四次集体学习，习近平总书记强调，要推动数字经济和实体经济融合发展，把握数字化、网络化、智能化方向，推动制造业、服务业、农业等产业数字化，利用互联网新技术对传统产业进行全方位、全链条的改造，提高全要素生产率，发挥数字技术对经济发展的放大、叠加、倍增作用。展望第二个百年奋斗目标，我们要科学做好顶层设计，要让区块链发展更好地服务党的治国理政、服务实现共同富裕的美好生活、服务实现人的全面自由发展，让区块链有力支撑中国特色社会主义实践，也充分发挥中国特色社会主义制度对区块链等技术的"规训"。即一方面在社会主义制度优势基础上集中技术力量促进区块链原始创新；另一方面要积极将区块链投入普惠金融、智慧城市、绿色能源、基层治理、共享医疗等方面的复合应用，促进均衡发展、充分发展和共同富裕，凸显

① 任仲文：《区块链：领导干部读本》，人民日报出版社2018年版，第3页。

区块链技术特征与中国特色社会主义制度的内在契合。在现有政策准备、技术积累和应用场景基础上，构建服务第二个百年奋斗目标、更加具备社会主义实践性质的中国特色社会主义链时机日趋成熟，"中国特色+社会主义"必将在中国数字经济实践中大放异彩。

一是区块链与中国特色社会主义制度具备耦合的双向内在条件。由于历史原因，中国错失前三次工业革命机遇，一段时间内只能处于"跟跑"状态。经过几十年的艰苦奋斗，我们在新科技革命面前具备了一定的自主创新能力，在区块链技术和应用领域具备了良好基础，中国人第一次在工业发展和科技革命的底层技术和逻辑关系上实现了原创性创新。党的十九届四中全会就完善中国特色社会主义制度、推进国家治理体系和治理能力现代化作出重大部署，全面坚持党的领导，坚持推进经济建设、政治建设、文化建设、社会建设和生态文明建设，坚持推进国家治理体系和治理能力现代化。治理现代化已经成为实现现代化应有之义，这就为建设中国特色区块链体系提供了坚实的政治保障、制度基础和治理机制，我们在区块链发展中要选择好适合中国国情的技术路线，就可以和现在的制度和治理实现高强度耦合，进而成为促进共同富裕的制度与技术结合体。另外，全球区块链主要分为公有链、私有链和联盟链，三种类型在参与性、共识机制、中心化程度和运算速度等方面都存在显著差异。技术方向的选择不仅事关产业发展，也受到各国制度基础、社会习惯、法律制度和文化规约等多种因素的影响，对各国未来在数字经济时代的发展将产生重大影响。根据目前区块链技术特点、我国法律制度和数字经济布局，发展联盟链更具比较优势，其内部具有多个节点记账人，针对特定群体和有限第三方，既兼顾了公有链去中心，也有私有链的高效能。正如中国工程院院士陈纯指出，联盟区块链监管友好，而且具备高性能、高可用、安全隐私的特点，是现阶段或者相当长一段时间内中国区块链产业发展的主力军。① 所以，联盟链在我国的住房公积金、银行监管等领域已经产生了很好的应用效果，充分说明了社会主义制度与区块链技术结合对经济社会发展和便民服务的优化成效。

二是中国特色区块链发展已经具备较为完备的政策支持。在区块链被引入中国之后，备受关注，2016 年 2 月央行负责人表示区块链技术是数字货币的可选技术，而且已经部署相关研究力量加强应用研究。2016 年 10 月，工信部发布《中国区块链技术和应用发展白皮书》，标志着区块链技术正式进入官方政策系统，并于当年 12 月在国务院公布的《"十三五"国家信息化规划的通知》中将区块链与大数据、人工智能等一道确立为国家布局重点项目。2017 年 5 月，工信部发布首个

---

① 陈纯：《联盟区块链关键技术与区块链的监管挑战》，《电力设备管理》
2019 年第 11 期。

国内区块链标准《区块链参考架构》。2018 年，工信部组建全国区块链和分布式记账技术标准化技术委员会。2019 年 2 月，国家网信办发布《区块链信息服务管理规定》，属于国内首部针对区块链的部门规章，规范区块链发展的监管机制正式建立。2019 年 10 月 24 日，习近平总书记在中央政治局第十八次集体学习时强调，把区块链作为核心技术自主创新重要突破口，积极推动区块链技术多领域、多场景应用。① 区块链自主创新和产业发展进入全新发展阶段。2020 年 4 月，国家发改委首次明确新基建范畴，区块链被正式纳入，标志着在数字中国建设中区块链将占据重要技术地位。2021 年 3 月正式发布的"十四五"发展规划中，在"加快数字发展，建设数字中国"篇章中正式将区块链列为"十四五"期间七大数字经济重点产业之一。

三是中国特色区块链技术创新具备了较为扎实的应用基础。② 2019 年由国家信息中心等多家机构共同发起和建立的区块链服务网络（BSN）正式启动，成为全球规模最大的跨底层框架的区块链基础服务网络设施，并在全球 200 余个城市建立了节点，为经济社会更广泛领域开展数字建设、推进社会主义实践奠定了信息基础设施。同时，区块链技术在地方治理实践

① 《习近平关于网络强国论述摘编》，中央文献出版社 2021 年版，第 122 页。
② 陈纯：《联盟区块链关键技术与区块链的监管挑战》，《电力设备管理》2019 年第 11 期。

应用中已经积累了较多经验。福建、广东、北京、上海、浙江、广西等地方政府先后将区块链纳入数字发展规划或金融科技、产业发展等促进政策性文件，区块链逐渐成为促进地方经济社会数字化转型和提质升级的新科技。截至 2019 年底，全国共有 23 个城市建立了 30 余家区块链产业园区①，以核心城市为节点的产业发展集聚效应初步形成。

二、"中国特色+社会主义"的本质特征

区块链作为一种蕴含着深刻变革力量的新兴技术，具有分布式、点对点、激励机制等运行机理，其创建之初的思想原点和技术演进路线与新发展阶段全民共富、全面共富、共建共富、逐步共富的共同富裕理念高度契合，在实现共同富裕的新征程中大有可为。同时，我国加速迈向全面应用的时代，以区块链为底层技术支撑的新场景新模式不断涌现。区块链运行的规则和机制为渐进解决共同富裕进程中面临的贫富差距大、区域发展不平衡、质量与效益不平衡、对公平正义需求激增等痛点提供了行之有效的可行性方案。民生无小事，枝叶总关情。习近平总书记强调，要探索"区块链+"在民生领域的运用，积极推动区块链技术在教育、就业、养老、精准脱贫、医疗健

① 中国信息通信研究院：《区块链白皮书（2020 年）》。

康、商品防伪、食品安全、公益、社会救助等领域的应用，为人民群众提供更加智能、更加便捷、更加优质的公共服务。①因此，新征程中实现共同富裕，必须充分挖掘区块链的社会主义属性，提升区块链技术和应用在促进实现共同富裕中的价值成色。

首先，中国特色区块链体系能够提高治理效能，让政策更好地转化为可共享的发展成果。习近平总书记强调，"在共享改革发展成果上，无论是实际情况还是制度设计，都还有不完善的地方。为此，我们必须坚持发展为了人民、发展依靠人民、发展成果由人民共享，作出更有效的制度安排，使全体人民朝着共同富裕方向稳步前进，绝不能出现'富者累巨万，而贫者食糟糠'的现象"②。区块链通过自身技术特征，与人工智能、大数据等新技术相结合，优化了许多领域的原有经济组织模式，提高了运行效率和发展质量。习近平总书记在中央财经委员会第九次会议上强调，实现碳达峰、碳中和是一场广泛而深刻的经济社会系统性变革，要把碳达峰、碳中和纳入生态文明建设整体布局，如期实现 2030 年前碳达峰、2060 年前

① 习近平：《加快推动区块链技术和产业创新发展》，《人民日报》2019 年 10 月 25 日。
② 习近平：《在党的十八届五中全会第二次全体会议上的讲话（节选）》，《求是》2016 年第 6 期。

碳中和的目标。① 为实现碳达峰、碳中和目标，需要构建以新能源为主体的新型电力系统。如将区块链运用于新型电力系统的构建中，加强区块链在电力交易、新能源消纳等领域的应用，强化源网荷储各环节的灵敏感知、智能决策、精准控制能力，全面助力构建清洁低碳、安全高效的能源体系，坚定不移推进绿色发展，引领全球化治理行动。2021 年 9 月，国家发改委正式出台政策，利用区块链技术，全周期记录电力生产、交易、消费各环节，推动开展绿色电力交易试点工作。绿色发展是深刻革命，必将对我国经济转型、社会发展和人与自然关系重构带来巨大动能。

其次，中国特色社会区块链体系能够较好解决基于公民身份的信任问题。信任是公民社会的基础，也是市场经济的前提。习近平总书记指出，我们始终坚定人民立场，强调消除贫困、改善民生、实现共同富裕是社会主义的本质要求，是我们党坚持全心全意为人民服务根本宗旨的重要体现，是党和政府的重大责任。② 区块链经历了从去中心化时代到智能合约时代的演进，它通过点对点网络、密码学、共识机制、智能合约等多种技术的集成系统，构建了一种从框架上来讲相对成熟、从

---

① 《推动平台经济规范健康持续发展　把碳达峰碳中和纳入生态文明建设整体布局》，《人民日报》2021 年 3 月 16 日。
② 习近平：《在全国脱贫攻坚总结表彰大会上的讲话》，《人民日报》2021 年 2 月 26 日。

技术上能够保障的全新信任机制。区块链解决了信任协作的问题，促进社会民生领域更便捷。如在国务院《关于加快推进全国一体化在线政务服务平台建设的指导意见》推动下，许多地方都在积极探索政务业务"一网通办""全程网办""跨区通办"，利用区块链技术打破不同部门间的数据壁垒，确保信息真实，提高信息公信力，促进信息安全共享，实现"数据多跑路、人民群众少跑腿"，把科技进步的优势转化为由人民群众享有，不断提高人民群众的幸福感安全感获得感。

再次，共建共富的区块链激励体系优化了人们的经济行为，促进社会性和利己性、公平与奖优的协调统一。实现共同富裕需要协调市场机制和政府调节，并最终通过优化人们经济行稳步、持久、深入地解决贫富差距问题。习近平总书记指出，我们的责任，就是要团结带领全党全国各族人民，继续解放思想，坚持改革开放，不断解放和发展社会生产力，努力解决群众的生产生活困难，坚定不移走共同富裕的道路。① 区块链提供了一种进行信息与价值传递交换的可信通道，满足具有信任、价值、协作需求的场景，打造了精准的激励模式，所有参与方遵守共同规则、按劳取酬，并通过分布式数据库、智能合约等技术保障各环节公开透明、所有参与方公平享有相关权益，同时大幅提高了执行效率。如积分是一种消费行为的附加

---

① 《习近平谈治国理政》第一卷，外文出版社 2018 年版，第 4 页。

价值，而传统积分市场种类多、体量大，并且控制权掌握在发行者中，容易出现积分信息误差和不对等的问题，用户无法跨平台了解各类积分的价值和体量，积分也无法跨平台流转，用户利益得不到最大化。如中国银联通过区块链建立一个积分共享平台，用户可以查询到各银行积分的价值，让不同的信用卡积分跨行交互流转，降低了信任成本，提升了各自积分的价值。此类尝试具有积极意义，可以在实现环境宜居宜业的共同富裕目标中引领民众建立良好生活习惯、社会风尚。

最后，中国特色区块链体系要着眼人的全面发展，将技术创新与人文价值无缝对接。习近平总书记在《之江新语》中指出："人，本质上就是文化的人，而不是'物化'的人；是能动的、全面的人，而不是僵化的、'单向度'的人。"① 在促进人的全面发展中，区块链可以被理解为一种意识形态，一种促进思维创造价值实现的平台体系，是兼顾生活富裕富足和精神自信自强的实现全民共富的价值体系。从根本上说，中国特色社会主义实践就是广大人民群众自己的实践。总结我们党发展壮大的历史经验，很重要的一条就是始终把群众作为智慧和力量的源泉，始终把政治智慧的增长、执政本领的增强深深扎根于人民的创造性实践之中。在数字经济蓬勃发展的时代，"数字社会"正在扑面而来，激发和保护人的创造性变得尤为

① 习近平：《之江新语》，浙江人民出版社 2007 年版，第 150 页。

重要。如兼容 NFT 的区块链就像能够记录任何商品的数据库，把现实中具有非同质化特性的事务都锚定起来，实现将现实世界通证化，形成一个价值互联、信息互通的数字资产世界。通过区块链将人们独一无二的创造性思维转化为非同质化通证，为人的创造性思维确权，充分尊重和保护首创精神，并为之提供获得收益的空间，最大限度激发人们的创造热情，在物质价值和精神价值协调发展中实现人的全面发展。NFT 已经从电子艺术品市场衍生到多种艺术创造领域，创造了巨大市场价值，随着市场进一步火热和监督日趋完善，其对艺术创作和思想创造的促进和保护作用将进一步凸显。

面对世界百年未有之大变局和实现中国民族伟大复兴战略全局，我们必须抓住数字经济全球化潮流，坚持走中国特色社会主义道路，更加坚定"四个自信"。中国特色区块链体系充分彰显了我们党坚持以人民为中心的发展思想，也是立足新发展阶段，实现共同富裕、促进人的全面发展，由大国向强国迈进的有力科技抓手。构建中国特色社会主义链，必将释放新兴科技的潜力，更好地惠民、利民、富民，不断满足人民日益增长的美好生活需要，推动经济社会更平衡更充分发展，必将促使区块链科技在服务国计民生中体现价值，在参与国际竞合中赢得战略主动，必将以中国方案为构建人类命运共同体贡献力量、扛起担当。

第二篇

中国特色区块链重构社会生产关系

数字经济成为我国新常态下经济发展的主要模式。随着万物互联时代的到来，催生出以 5G、人工智能、工业互联网、物联网、区块链、云计算等为代表的新一代信息技术，这些信息化技术构建了数字化的生活方式，数字化世界催生了数字经济的发展。区块链技术作为新一代信息技术的重要组成部分，在金融、通信、能源、政务等领域已相继开展试点应用，展现出巨大的应用潜力和发展前景。国家高度重视区块链技术应用和产业发展，要求把区块链作为核心技术自主创新的重要突破口，加快推动区块链技术和产业创新发展。同时，区块链技术被纳入"十四五规划"和"2035 年远景目标纲要"。

我国数字产业化结构持续优化，软件和信息技术服务业、互联网行业增长较快，信息消费、数字经济领域投资、数字贸易等需求活力不断释放，产业数字化深入推进，地方转型实践案例不断涌现，数字化治理能力全面提升，已逐渐形成多方共治格局，营造出规范有序、包容审慎、鼓励创新的发展环境。在信息化的背景下，数据和信息等资料成为生产关系中生产资料的主要来源，随之而来的问题是数字资源或资料在生产、交换、转移、分配和消费过程中，存在数据质量安全、真假难辨、数据隐私安全无法保障、数据所有权模糊、数据迷航与信息过载等问题。区块链作为一种以去中心化方式集体维护可信数据库的技术，其去中心化的分布式数据库，可以实现点对点传输机制，保证数据的通信安全；加密算法可以实现信息的匿名保护，防止用户个人信息泄露，提高数据的隐私保护；共识机制可以实现不同来源、不同类别数据的数据共享，解决信息孤岛问题；智能合约使得各个区块按照事先约定的条件通过系统自动执行，有效地提高了工作效率，也提高了生产力。

社会存在的基础就是相互配合协作，从狩猎到作坊、工业时代、互联网时代和现在的数字经济时代。人类社会的每一次进步，协作方式也在不断迭代。在互联网时代，协作方式趋于垄断，固化的生产关系难以适应数字经济发展的需要。区块链可以破除基于组织进行链接的协作模型，创造基于任意主体进行链接的协作模型。区块链作为一个可信任的交换网络，实现个人、机器的数据确权，使人们在生产中的地位和相互关系处于平等地位，个人具有数据产权，享受数据收益、分红等权益，改变生产关系的模式。基于隐私性、账本共享、智能合约等特点，区块链构建了一种新的信任体系，有效重塑数字经济新型生产关系。区块链实现了对生产关系的重构，也是对监管和法律层面的一种重构，推动了生产关系层面的变革。

区块链的核心优势之一就是解决信用共识的问题，通过区块链的形式将传统生产关系中信任成本较高的环节通过区块链的技术特征加以解决。区块链利用不可篡改、可追溯、高透明等特性重建了各主体间的信任关系，构建了一种全新的信任机制，使生产、传输、消费以低成本的方式建立相互信任关系，为确权、维权等行为提供充分证据，最终重建各主体之间的信任关系。信任成本的降低意味着生产关系的重构，相应的供应链、生态圈也会形成新的格局。基于区块链技术的多主体分布式协作，重塑传统的组织形态，推动生产关系改变，促进生产力的发展。区块链协助各主体构建了基于信任的新型生产关系，这是区块链对数字经济的关键价值。区块链在平等的基础上实现多主体之间的生产协作和协同，且各个主体之间是平等关系。相比于以往的生产组织形式，区块链下的生产协作规模更大，协作成本有望更低。

区块链颠覆了传统生态系统的供应链优势，深刻改变了数字社会的组织形态。在数字经济时代，生产者、所有者、使用者（消费者）三者的边界被进一步打通，区块链技术正是加快这一进程的关键力量。区块链的出现使得生产关系进一步变革，传统的"生产者—消费者"思维不再适用。区块链使生产者、所有者、使用者三类主体衔接更加紧密，主体之间的边界逐渐变得模糊。特别是伴随着互联网、移动互联网、物联网的不断发展，各主体参与社会分工的网络中，在价格信号引导下，生产者与使用者之间可以相互转换，价值的传递将在区块链网络中即时分享。

随着区块链的性能、易用性、可操作性和扩展性不断提升，跨链、侧链、分区、分片等技术持续高效演进。其在数字经济中的特殊属性，确保区块链能够使数据真正归属产生数据的主体，数据亦能够清晰其所有权属关系，由此创造的财富归相关主体所有。伴随法律法规、监管体系的逐步成熟，以区块链为基础的数字经济必然获得法律的保障，社会对这一新鲜事物的接受程度将持续增加。区块链的价值不仅仅是简单的记账认证功能，其真正价值是智能合约机制。区块链按约定自动执行，不再过度依赖于单个节点、中心化的企业或平台，把传统生产模式中各主体间的对立关系转变成一个共识、共建、共享的新的组织形态，进而突破了原来生产模式的边界，更大范围地统筹社会资源。其协助模式的变化主要体现在：（1）组织边界的变化，打通了边界的限制。（2）激励载体的变化，工资股权变成了流动性更强的数字激励载体，利润从确定变成了无限可能。（3）分配方式的变化，按资分配变成了按劳分配，各类生产要素都计入分配方案，每一个创造价值的主体都可以公平的分享到区块链网络上增值的收益。

完全分布式架构并非区块链技术的唯一架构模式，去中心化的特点也不是其最根本的特征，其重要性在于加密技术产生的信任，应互动模式的快捷产生的效率。根据参与主体在系统中的地位，区块链可分为公有链、私有链、联盟链三种模式。公有链采用完全分布式的架构，参与者完全平等，信息完全公开，任何人都可参与其使用与系统维护。在公有链的基础上，可以通过引入许可机制的方式，实现私有链和联盟链。私有链模式由一个管理者进行系统内的各类管理限制，可只供内部人员使用。联盟链则是由利益相关者一起维护，参与主体一般都是带有权限的限制访问，信息则根据应用需求进行有限公开。区块链的三种应用模式表明区块链技术能实现不同生产关系下的协同合作模式，能促使区块链技术的自动化、透明度、可审计和低成本等特征，适应于不同领域的应用。不同的区块链应用模式能提升区块链技术应用的适应性，减少管理成本费用，形成社会合作方式的各类颠覆性创新。而推动这些创新活动有效、有序展开，需要更富有弹性与更高水平的国家引导能力和市场调控能力。原有的中心化的运行机制必须进行相应变革，以适应这种多样化、技术信任主导的互动模式。在区块链技术承载的社会合作模式下，参与主体相对过去更为平等，自主性更强，自组织特点更明显。区块链技术应用下的多主体合作模式变革，使市场化机制作用进一步加强，社会自主性提升，促使激活市场、激活社会的新模式产生，并逐渐制度化、系统化。通过区块链技术促使行政机制、市场机制和社群机制形成互动式协同。因此区块链技术应用将促进国家治理模式的变革。本篇主要从技术的角度探究区块链技术如何有效支撑生产关系的变革。

第四章　公平信任机制

　　随着物联网、云计算等技术的兴起，数据成为新的生产因素渗透到各行各业，其安全问题受到越来越多的关注，特别是对敏感数据的安全防护面临着严峻的挑战。数据资源的外部存储服务使得个人数据不受自己掌控，分布式存储数据的流通共享变得愈加复杂，形成了潜在的安全风险。同时，第三方利用数据挖掘技术，原有的"低价值"数据经过聚类分类能够推导出固定的用户模式，导致信息泄露。大数据时代的到来，庞大的数据量以及数据的非结构化，数据窃取、篡改、勒索等恶意攻击更难防范。

　　大数据环境下，数据面临着主权难维护、访问权限难界定、第三方泄露难防范等问题，阻碍了数字价值的发展。区块链具有分布式、交易透明、难以篡改的特点以及无须第三方背书的可信机制，与大数据环境下需要解决的分布式部署、审计机制、信任机制的需求不谋而合。该技术是利用块链式的数据结构来验证与存储数据、利用分布式节点共识算法来生成和更新数据、利用密码学的方式保证数据传输和访问、利用自动化脚本代码构建智能合约来编程和操作数据的一种全新的分布式基础架构与计算方式，其公平信任机制依托共识机制和密码技术实现，能够确保参与主体行为的不可抵赖性。当前，区块链技术已经在物联网、云计算、医疗、工业自动化等领域应用，在数据融通、价值赋能方面具有广阔的应用场景。

一、共识机制

如何使区块链系统中各参与主体达成共识是一个核心的问题。与社会系统中"民主"和"集中"的对立关系相似，决策权越分散的系统，达成共识的效率越低，但系统稳定性和满意度越高。决策权集中的系统更容易达成共识，但也更容易出现专制和独裁。区块链技术的核心优势之一就是能够在决策权高度分散的去中心化系统中，使各参与主体对区块数据的有效性达成共识。在区块链里，共识机制就像一个国家的法律，维系着区块链世界的正常运作，而共识算法就是法律的代码，无论执行多少次都会得到同样的结果，除非有外界因素的干扰。对于区块链来说，它是一个去中心化的自转体系，不需要中心化记账机构来保证每笔交易在所有记账节点上的一致，所有的数据都是通过分布式系统存储的，数据节点间无须交换额外的信息即可达成共识，解决了节点间互相信任的问题。

共识机制是确保区块链系统持续运行的关键。随着区块链技术的发展，各种基于不同原则的共识机制被相继提出。当前，主流的共识机制有 PoW（Proof of Work，工作量证明）共识机制、PoS（Proof of Stake，权益证明）共识机制、DPoS（Delegated Proof of Stake，股份授权证明）共识机制、BFT（Byzantine Fault Tolerance，拜占庭容错）共识机制和 PBFT（Practical Byzantine Fault Tolerance，实用拜占庭容错）共识机制。

（一）工作量证明共识机制

工作量证明共识机制即对于工作量的证明，是生成要加入区块链中的一笔新的交易信息（即新区块）时必须满足的要求。在基于工作量证明机制构建的区块链网络中，节点通过计算随机哈希散列的数值解争夺记账权，求得正确的数值解以生成区块的能力是节点算力的具体表现。工作量证明机制具有完全去中心化的优点，在以工作量证明机制为共识的区块链中，节点可以自由进出。比特币网络就是应用工作量证明机制生产新的货币。然而，由于工作量证明机制在比特币网络中的应用已经吸引了全球计算机大部分的算力，其他想尝试使用该机制的区块链应用很难获得同样规模的算力来维持自身的安全。同时，基于工作量证明机制的"挖矿"行为还造成了大量的资源浪费，达成共识所需要的周期也较长。因此，该机制在商业应用方面存在不足。

（二）权益证明共识机制

2012 年，名为 Sunny King 的网友推出了 Peercoin，该加密电子货币采用工作量证明机制发行新币，采用权益证明机制维护网络安全，这是权益证明机制在加密电子货币中的首次应用。与要求证明人执行一定量的计算工作不同，权益证明只要求证明人提供一定数量加密货币的所有权即可。权益证明机制的运作方式是，当创造一个新区块时，矿工需要创建一个"币权"交易，交易会按照预先设定的比例把一些币发送给矿工本身。权益证明机制根据每个节点拥有代币的比例和时间，依据算法等比例地降低节点的挖矿难度，从而加快了寻找随机数的速度。这种共识机制可以缩短达成共识所需的时间，但本质上仍然需要网络中的节点进行挖矿运算。因此，PoS 机制并没有从根本上解决 PoW 机制难以应用于商业领域的问题。

（三）股份授权证明共识机制

股份授权证明共识机制是一种新的保障网络安全的共识机制，在尝试解决传统的 PoW 机制和 PoS 机制问题的同时，基于科技式的民主抵消中心化带来的负面效应。DPoS 与董事会投票类似，拥有一个内置的实时股权人投票系统，所有股东都在这里投票决定公司决策。基于 DPoS 机制建立的区块链的去中心化依赖于一定数量的代表，而非全体用户。在这样的区块链中，全体节点投票选举出一定数量的节点代表，由他们来代理全体节点确认区块、维持系统有序运行。同时，区块链中的全体节点具有随时罢免和任命代表的权力。如果必要，全体节点可以通过投票让现任节点代表失去代表资格，重新选举新的代表，实现实时的民主。DPoS 机制极大地缩小了参与验证和记账节点的数量，从而达到秒级的共识验证。然而，该共识机制无法摆脱对代币的依赖，在很多商业应用中并不需要代币的存在，不能完美解决区块链在商业中的应用问题。

（四）实用拜占庭容错共识机制

拜占庭容错共识机制解决的是，分布式系统中存在恶意节点（即拜占庭节点）时系统的一致性、正确性等问题。BFT 能够保证已经生成的账本不可篡改，但可以被节点随时查看。同时，BFT 需要激励机制来保证区块的持续形成，从而保障账本信息的完整。然而，BFT 需要依托其理论上的可行性而缺乏实用性，且 BFT 还需要额外的时钟同步机制支持，算法的复杂度也是随节点增加而指数级增加。

实用拜占庭容错机制解决了 BFT 算法效率不高的问题，

具有较高的容错性，并将算法复杂度由指数级降低到多项式级，更利于在实际业务中应用。假设网络中有 n 个节点，当一笔交易广播到网络中时，每个收到该交易信息的节点都会将这个消息再发送给另外的 n-1 个节点，告诉它们自己收到了什么样的信息。考虑到网络中可能存在恶意节点，各节点还会向 n-1 个节点发送第二次消息，告诉它们自己是否同意该交易，该阶段结束后，各节点统计收到的消息中是否有超过 2/3 的节点同意该笔交易，若超过 2/3 的节点同意，则对该交易达成共识。否则，各交易节点达不成共识。

PBFT 共识算法由业务的参与方或者监管方组成，安全性与稳定性由业务相关方保证，共识效率高，可达到商用实时处理的要求。由于共识过程不需要"挖矿"，可以有效节省资源，被广泛应用于电子商务、金融证券、保险等行业。

（五）主流共识机制特征分析

根据实际的工程模型和条件设定，共识算法可以分为强一致性共识和最终一致性共识两大类。强一致性共识算法一般应用在节点数较少且具备节点准入机制的联盟链和私有链环境中，如 PBFT、PoW、PoS 和 DPoS 属于最终一致性共识算法，它们多应用在节点数量巨大的公开链环境中。如表 4-1 所示，对各类共识算法的特征进行了对比分析。

表 4-1　常见的共识机制对比

共识机制	优点	缺点	适宜场景
PoW	完全去中心化，节点容纳量大，允许节点动态加入删除，可信度高	消耗大量算力和电力，共识达成时间长，存在51%攻击	无许可准入机制的公开链
PoS	允许节点动态加入删除，与 PoW 相比资源消耗少，缩短了共识达成时间	记账权受富裕节点支配，去中心化程度随时间推移降低，存在 Nothing－at－Stake 攻击漏洞	无许可准入机制的公开链
DPoS	秒级验证，大幅缩短共识时间	代表节点验证机制牺牲了去中心化，降低了安全性	无许可准入机制的公开链
PBFT	共识达成时间快，能够解决拜占庭故障	实现机制复杂，节点数较多时效率降低，1/3 记账者受攻击时系统就会瘫痪	带许可准入机制的公开链

二、密码技术

区块链是用算法达成信任的，其中最重要的算法之一，就是密码学。区块链中最基本的密码学应用是 Hash 算法、对称加密和非对称加密算法，以及相关的签名验签算法。

（一）哈希算法

哈希算法是一种单向密码体制，只有加密过程，没有解密过程，是一种从明文到密文的不可逆映射。它可以将任意长度的输入经过变化以后得到固定长度的输出，并且原始数据的少量更改会在 Hash 值中产生不可预知的大幅变更，可以作为数据的验证凭据。区块链的数据结构是"区块+链"，新区块将区块高度、交易列表，和上一个区块的 Hash 值组合再生成一个 Hash 值作为新区块的标识，形成了一个环环相扣的数据链。链条中的任何一处修改，都会因 Hash 算法的特性被校验发现。哈希算法的主要特点如下：

1. 固定长度：对于输入任意长度的信息，通过哈希函数计算后产生固定长度的 Hash 值；

2. 正向快速：给定明文和 Hash 算法，在有限时间和有限资源内能够快速计算 Hash 值；

3. 逆向困难：对于给定的 Hash 值，在有限时间内很难（基本不可能）逆向推出明文；

4. 输入敏感：当输入的明文信息发生较小改变时，产生的 Hash 值将产生较大的变化；

5. 冲突避免：很难找到两段内容各异的明文，使得它们的 Hash 值一致（发生冲突）。

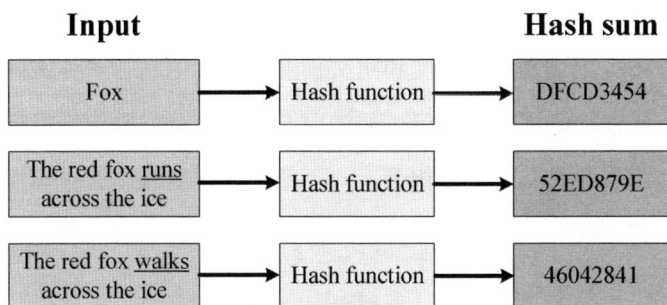

图4-1 哈希算法

（二）对称加密算法

如果一个密码算法中的加密密钥和解密密钥相同，则称该算法为对称加密算法。对称加密算法因其安全、高效、经济等特点，发展非常迅速，并被广泛应用。但在加密和解密过程中，密钥必须严格保密。依据处理数据的方式，对称密码体制通常分为分组密码和序列密码。

分组密码是将定长的明文块转换成等长的密文。解密时使用逆向变换和同一密钥来完成。序列密码是指加、解密时对明文中比特逐个进行处理，也被称为流密码。在这两种形式的对称加密算法中，比较典型的算法有 DES（Data Encryption Standard）、3DES、IDEA（International Data Encryption Algorithm）和 AES（Advanced Encryption Standard）等。

对称密码体制主要用来对信息进行保密，实现信息的机密性。它的优点是加密和解密处理效率高，密钥长度相对较短，一般情况下加密后的密文和明文长度相同。但是，对称密码体制也存在一些固有的缺陷，如需要安全通道分发密钥，保密通信的用户数量多时，密钥量大，不便于管理，难以解决不可否认性等问题。

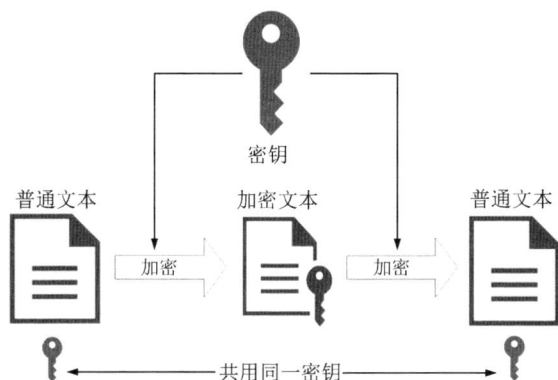

图 4-2   对称加密算法

（三）非对称加密算法

1976 年，Diffie 和 Bellmen 提出了非对称密码的思想，即加密过程和解密过程使用两个不同的密钥来完成。如果在计算上不能从加密密钥推出解密密钥，那么加密密钥的公开不会影响解密密钥的安全，这种密码机制被称为公钥密码算法，亦被称为非对称加密算法。

非对称加密算法的提出解决了对称加密算法的固有缺陷，

不仅保障了信息的机密性，还能够实现对信息进行数字签名，具有认证性和抗否认性的功能。然而，非对称加密算法与对称加密算法相比，其设计所依赖的数学计算较复杂，加密和解密的效率较低。在达到同样的安全强度时，非对称密码通常所需的密钥位数较多，且加密产生的密文长度通常会大于明文长度。因此，通常用对称加密算法进行大量数据的加密，非对称加密算法用来传输少量数据。

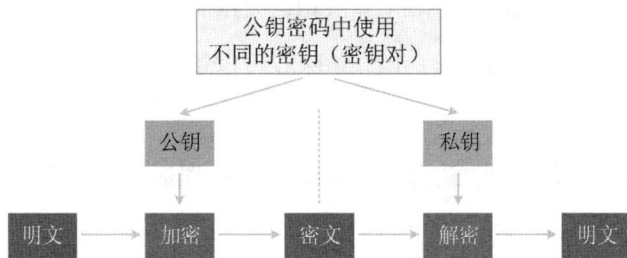

图 4-3　非对称加密算法

（四）椭圆曲线加密算法

当前，在密码学的非对称加密算法中，RSA 算法仍是主流。该算法是 1977 年由罗纳德·李维斯特（Ron Rivest）、阿迪·萨莫尔（Adi Shamir）和伦纳德·阿德曼（Leonard Adleman）共同提出的，既能用于加密，也能用于数字签名，是第一个安全、实用的非对称密码算法。其安全性依赖于大整数因子分解的困难性。为了保证 RSA 算法的安全性，其密钥长度需要持续增加，导致算法的运算量越来越大。

椭圆曲线加密（Elliptic Curve Cryptography，ECC）算法的安全性依赖于有限域上椭圆曲线上点群中的离散对数问题，具有比大整数因子分解更高的复杂度。因此，ECC 算法可以采用较短的密钥取得同样的安全性，具有广泛的应用前景。随着ECC 算法在比特币网络中的成功应用，用户可以用自身的私钥对交易信息进行签名，其他用户也可以利用签名用户的公钥对签名进行验证。与 RSA 算法相比，ECC 算法具有以下优点：

1. 安全性能更高：160 位 ECC 可以达到与 1024 位 RSA 相同的安全强度；

2. 计算量小、速度快：在私钥的处理速度上（解密和签名），ECC 具有更高的效率；

3. 存储空间占用低：ECC 的密钥长度及系统参数比 RSA 要小，占用的存储空间少；

4. 带宽要求低：可以适用更复杂的环境，具有更广泛的应用前景。

三、信任构建

目前，人类社会正步入万物互联的数字经济时代，人类的关注点逐渐转移到数字资源，也伴随着生产力、生产关系发生巨大变化。互联网在很大程度上解决了信息不对称问题并降低了交易成本，但是由于无法解决信任问题，形成了一个缺乏信任的虚拟空间，因此有了支付宝、微信支付等信用中介。互联网的价值主要体现在信息链接和信息流动，而在价值交换方面它仍然是中心化模式，这是由互联网本身信任机制缺失所导致的。

区块链技术是网络空间的信任制造的一个突破性创新，能够弥补人类信任的不足，促进了信任建立的效率提升和成本降低。区块链信任的本质是机器的信任，基于机器执行的协议和共识算法，即使在有少数恶意节点存在的情况下，多数正常节点依然能形成对系统状态的一致确认。区块链技术建立在算法之上的去中心化的共识信任，具有更明显的社群主义理想和创造"规模合作"的潜力，已逐渐被社会所熟知。从维护社会秩序的角度出发，区块链技术在构建公平信任机制方面具有以下特点：

1. 去中心化机制形成共识信任：各节点平等参与交易，任一节点的交易都将传递到所有节点验证，任一节点破坏都不会影响整个系统运行，数据的验证、记账、存储、维护和传输采用数学方法而非中心机构来建立节点间的信任，形成了去中心化的可信任分布式系统；

2. 解决了信息透明与数据安全：区块链上信息高度透明开放，任一节点都可以访问数据和开发应用，整个系统信息高度透明。通过非对称加密和授权的技术方法实现个人信息保护，只有在数据拥有者授权的情况下才能访问，从而保护了数据安全和个人隐私；

3. 具备不可篡改和追溯机制：基于非对称密码算法和签名技术实现交易签名，实现交易数据不能被伪造、被篡改，参与系统的节点越多，分布式数据库安全性就越高；区块链数据的存储带有时间戳，为数据添加了时间维度，具有高度可追溯性；

4. 集体维护与自治机制：区块链技术自治性是指所有参与到区块链系统中的节点均遵循同一共识机制，不受任何人干预，自由交换、记载和更新数据，自发地共同维护整个区块链系统的信息可靠和安全。

区块链技术去中心化、共识信任和自治性等特点不仅可以提升经济效率、重塑信任机制，而且可以创新社会治理模式，对现有社会秩序及格局有重要革新意义。2016年，中国工信部发布的《中国区块链技术与应用发展白皮书》将区块链定位为提升社会治理水平的有效技术手段。随着区块链技术的逐步成熟和广泛应用，白皮书所主张的区块链3.0可编程社会构想正在成为现实。

区块链是从物理世界到可信数字孪生世界的桥梁，数字社会秩序的建立应该从权威管制迈向多主体共治，我们可以借助区块链技术构建基于区块链的分布式数字身份，构建数字社会底层信任基础设施，进而建立人们相互充分信任的、社会福利最大化的数字社会。

第五章　安全智能机制

大数据环境下，购物记录、医疗数据、浏览记录、聊天信息等个人数据都在未经授权的情况下被第三方收集。这些看似"低价值"的数据经过挖掘，往往可以推导出用户的身份信息、喜爱偏好、健康情况等，而泄露的信息被第三方恶意使用，就会出现虚假广告、隐私敲诈等问题。区块链是完全公开透明的系统，链上的交易和智能合约暴露给所有的用户，这在增强系统公信度的同时给用户的隐私带来了隐患。虽然区块链具有匿名性，但是实际情况下攻击者可以根据链上公开的交易信息，通过对"低价值"的数据进行挖掘获得用户的各种特征，从而锁定用户身份。因此，用户敏感数据的管理更要求系统具有隐私保护的功能，隐私保护机制是用户选择使用此系统并提高数据共享率的必然要求。同时，区块链体系结构是区块链系统运行的基础，随着用户数量、系统规模的不断增加，其吞吐量低、交易确认时间长、共识节点接入速度慢、存储资源浪费等问题越发突出，严重影响用户使用与行业拓展。为了提升区块链系统处理交易的性能和效率，智能合约被提出以数字化的方式传播、验证或执行合同，目的是实现在没有第三方的情况下进行可信交易，提供优于传统合约的安全方法，并减少与合约相关的其他交易成本。

一、隐私保护技术

区块链作为一种新型数据共享技术，凭借独有的信任建立机制推进社会价值传递及交互，各节点是平等独立的产销者，形成去中心化式的价值交互模式，实现了无须第三方信任机制的点对点价值传递。虽然区块链网络中的所有节点都可以对链上的信息数据进行查询和验证，但由于区块链采用的是非对称的加密算法，因此只有拥有私钥的用户能对特定的加密信息数据进行解密，这使得区块链具有较高的隐秘性，保护了用户的隐私。

现有基于区块链的交易是通过隔断交易地址和地址持有人真实身份的关联，达到匿名的效果，进而实现隐私保护。各节点能够看到每一笔转账记录的发送方和接受方的地址，但无法对应到现实世界中的实际主体。这样的保护机制隐私性比较弱，通过观察和跟踪区块链的信息、地址 ID、IP 等信息能够推测出账户和交易的关联性。为了解决区块链的隐私保护问题，目前主要有混淆机制、环签名、零知识证明等方式。

（一）基于混淆机制的隐私保护技术

混淆机制通过割裂输入地址和输出地址之间的关系，进而实现信息的隐藏。混淆机制分为中心化混淆和去中心化混淆两类技术。中心化混淆技术需要中心化的混淆服务商参与，帮助用户进行混淆操作，存在一定的安全隐患。去中心化混淆技术安全性更强，但需要用户寻找混淆主体，并与其他用户交互构造混淆交易，在使用方面稍显不便。混淆机制的实现主要有三个度量指标：

1. 资产安全性：经过混淆操作后，用户能在约定时间之前取回自己参与交易的资产；

2. 外部隐私性：用户混淆交易的输入/输出的地址关系，被外部攻击者关联的可能性；

3. 内部隐私性：用户混淆交易的输入/输出的地址关系，被过程攻击者关联的可能性。

图5-1展示了混淆机制的基本模型，主要分为协商、混淆、确认及结束四个阶段。图中的红色节点表示攻击者。具体流程如下：

1. 协商阶段：用户寻找参与混淆的其他同伴，协商去中心化混淆协议需要的参数；

2. 混淆阶段：参与混淆的用户根据协议对所有输出地址进行混淆，隐藏用户输入、输出地址之间的关联关系；

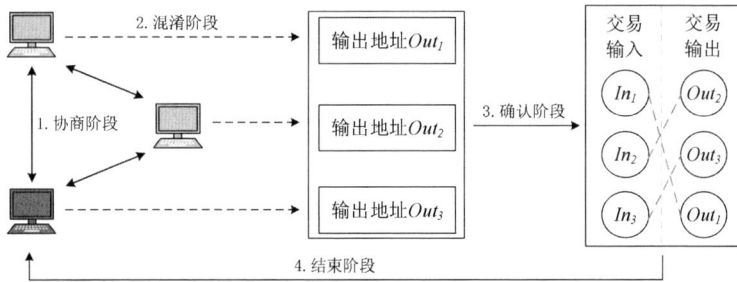

图 5-1　混淆机制的基本模型

3. 确认阶段：用户根据混淆操作后的输出构造交易，确定无误后进行广播，将资产信息发送到各用户指定的输出地址；

4. 结束阶段：如果混淆协议正常结束，那么参与混淆的用户销毁此次混淆过程相关记录。如果过程出现错误中止，那么参与混淆的用户找出并且排除造成错误的用户。

（二）基于环签名的隐私保护技术

环签名方案由 Rivest、Shamir 和 Tauman 三位密码学家于 2001 年提出，其本质上属于一种简化的类群签名。群签名是利用公开的群公钥和群签名进行验证的方案，其中群公钥是公开的，群成员可以生成群签名，验证者能利用群公钥验证所得群签名的正确性，但不能确定群中的正式签名者。群管理员可以撤销签名，揭露真正的签名者群签名，这是群签名的关键问题所在。

环签名方案去掉了群组管理员，不需要环成员之间的合作。在环签名方案中，一个成员利用他的私钥和其他成员的公钥进行签名，且不需要征得其他成员的允许。验证者只知道签名来自这个环，但不知道谁是真正的签名者。环签名解决了对签名者完全匿名的问题，环签名允许一个成员代表一组人进行签名而不泄露签名者的信息。这种方案的优势除了能够对签名者进行无条件的匿名外，环中的其他成员也不能伪造真实签名者签名。外部攻击者即使在获得某个有效环签名的基础上，也不能伪造一个签名。在某些应用中，环签名是块链上的混币服务，这种混币具有相同金额的输入，且使用了多个成员的公钥，只知道是从环中的一个成员发送，但无法判断是哪一个，也就无法通过分析金额来判断输入输出的对应关系。

（三）基于零知识证明的隐私保护技术

零知识证明的定义是证明者能够在不向验证者提供任何有用的信息的情况下，使验证者相信某个论断是正确的。零知识证明是一种密码学技术，是一种在无须泄露数据本身的情况下证明某些数据运算的一种零知识证明，允许两方（证明者和验证者）来证明某个提议是真实的，而且无须泄露除了它是真实的之外的任何信息。零知识证明过程有两个参与方，一方是证明者，一方是验证者。证明者掌握着某些信息，想让验证者相信他掌握着秘密，但是又不想向验证者泄露信息。双方按照一个协议进行一系列的交互，最终验证者会得出一个明确的结论，即证明者是否掌握这个信息。零知识证明是一种更加安全的信息验证或者身份验证机制，其安全性和隐私性是零知识证明的价值所在。目前，Zcash 和 Zcoin 都引入了零知识证明，实现了零知识级匿名的加密货币。

二、智能合约技术

智能合约是一种无须中介、自我验证、自动执行合约条款的计算机交易协议，基于可信的不可篡改的数据自动化执行预先定义好的规则和条款，实现交易的可追踪和不可逆转。智能合约以数字化的形式写入区块链中，确保了其在存储、读取和执行的整个过程透明可追踪、不可篡改。同时，区块链自身共识算法形成的状态机系统保障了智能合约高效运行，可有效节省社会资源、减少交易步骤及时间，并解决交易参与方存在的信用问题。

（一）智能合约原理

智能合约可以被看作一种计算机程序，是开发者根据已经制定好的合约条款转换成的运算逻辑，它会时刻监督用户的数据状态和行为信息，并根据已经制定好的逻辑规则，保证合约的顺利执行。智能合约的概念在 1994 年被提出，并被描述为

"由计算机处理的、可执行合约条款的交易协议"，但由于当时的技术不成熟以及安全机制不完善，这个概念难以应用落地。而区块链有着难以篡改、公开透明、安全可信的特点，天然特征为智能合约提供了可信的执行环境，能够为智能合约提供高可信度的存储和执行环境，使智能合约重新受到许多研究者的重视，得以快速发展。

如图 5-2 所示，以太坊的智能合约部署首先由开发人员按照预定的协议编写智能合约代码，再编译为字节码后通过 geth 客户端上传至区块链网络，包含该合约的区块在经过全网验证后会被写入每个节点管理的区块链上，一段时间后通过记账节点完成智能合约上链。在完成智能合约的部署后，智能合

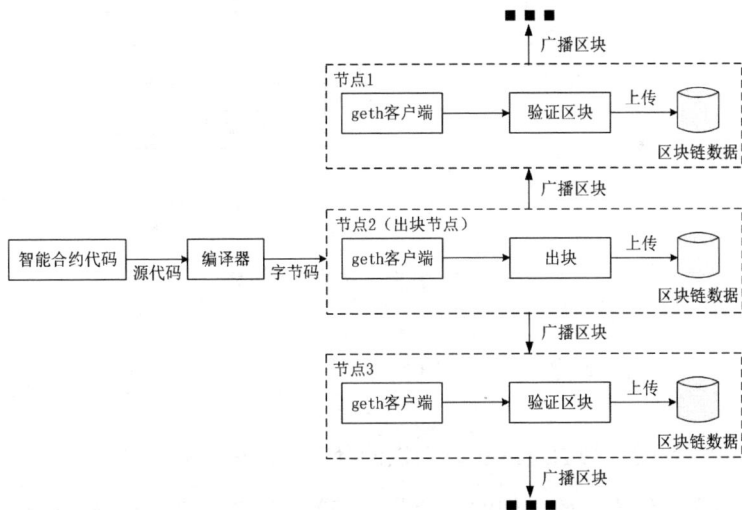

图 5-2 智能合约的部署流程

约以账户的形式保存在区块链上，用户通过该账户的地址订阅智能合约。如图 5-3 所示，智能合约会定期检查用户是否满足触发条件，在条件触发后通过一笔事务调用合约，合约代码会在本地的以太坊智能合约虚拟机（EVM）上执行，之后再对执行结果打包、广播、验证，在其他节点确认无误的情况下将执行结果上传到区块链上。

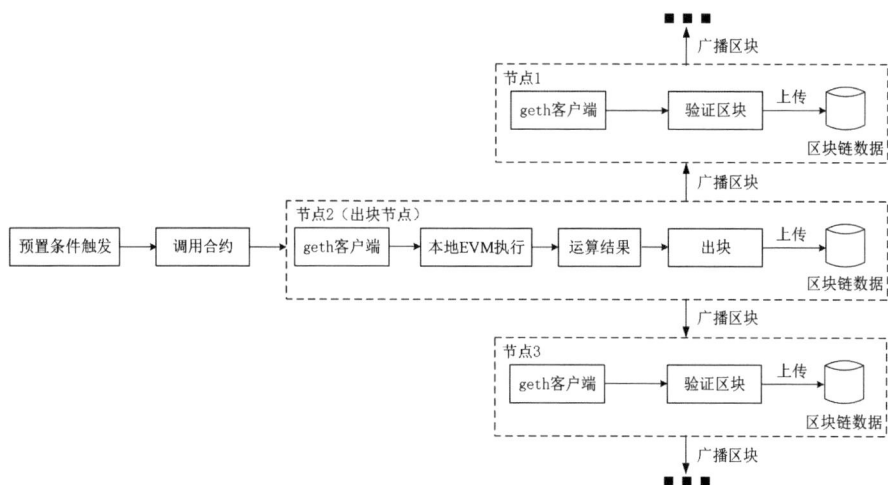

图 5-3　智能合约的执行流程

（二）智能合约运行特点

智能合约通过区块链提供的分布式信用基础设施，将数据的交互作为主体之间的"交易"，通过自定义的脚本语言就可以实现可信、细粒度、无人为干预的访问控制机制。智能合约允许在没有第三方的情况下进行可信交易，且交易可追踪、不可逆转。智能合约是以信息化方式传播、验证或执行合同的计算机协议。智能保证了执行安全，并减少交易成本。智能合约程序不是单纯自动执行的程序，而是系统的有效参与者，运行在可复制、共享的账本上的计算机程序，能够处理信息，接收、储存和发送价值。智能合约有三大特点：

1. 公开透明：智能合约部署在区块链上，其合约内容自然是公开透明的；

2. 不可篡改：智能合约部署在区块链上，内容是无法被修改的；

3. 永久运行：区块链上网络节点共同维护，只要区块链在就能永久的运行。

与传统的合约相比，智能合约主要有如下优势：

1. 去信任：由于智能合约是基于区块链的，合约内容公开透明、且不可篡改。代码即法律，交易者基于对代码的信任，可以在不信任环境下安心、安全的交易。

2. 经济、高效：相比传统合约经常会因为对合约条款理解的分歧造成纠纷，智能合约通过计算语言很好地避免了分歧，几乎不会造成纠纷，达成共识的成本很低。在智能合约上，仲裁结果出来，立即执行生效，具有经济、高效的运行优势。

3. 无须第三方仲裁：智能合约根据最终的结果，自动执行，无须第三方仲裁，确保交易的安全性，降低了成本。

（三）智能合约应用

区块链智能合约流程如图5-4所示，A企业为买方企业，B企业为卖方企业，即供应商。智能合约业务流程包含合约的签订、执行、资金支付，直至交易结束才算完成整个合约的全生命周期。合约从一开始签订到最后履约完毕生成一个个区块，区块按时间戳顺序相连形成完整的区块链。具体流程如下：

AB企业完成各自内部签署流程即双方签订合约后，双方将合约信息广播至被称作节点的P2P网络，节点网络利用特定算法验证合同信息和用户状态，在信息被验证通过后，该合约信息和其他交易结合生成新的区块数据，合约校验码保存在区块中，该区块信息被链上其他企业记录。

合约执行环节B企业进行交易请求发出货物，协同链上物流企业发布物流信息广播至网络中，节点网络验证后连同其他信息生成区块，物流信息保存在区块中，新区块被永久增加到已有的区块链。

A企业一旦收到货，在链上操作，满足合约条款付款条件时自动履行支付功能，并将资金支付中可公开的信息广播，B企业收到资金验证后，生成区块，并将相关信息写入区块链。

整个交易完成后，AB分别进行此次交易完成信息的确认并广播至网络中，同样生成区块增加到已有区块链，整个交易完成，生成完整的区块链。链上其他交易主体企业完成整个交易的记账，并且由于区块链时间戳的特性，整个区块生效后永久存储在链上，可追踪不可逆转，确保了此次交易的真实性。

区块链技术在供应链上智能合约中应用，基于智能合约的交易可追踪、自动、不可逆转，一旦添加到区块链就不能被操纵。由于供应商，销售商是动态变化的，可以防止共谋形成。

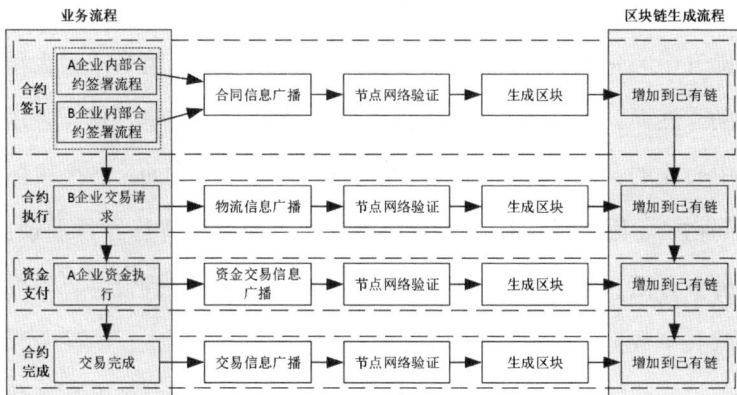

图5-4 区块链智能合约流程

第六章　共享高效机制

随着社会数字化建设的不断推进，通过数据共享消除信息孤岛已经成为各界的共识。传统的数据共享模式是通过统一的数据仓库或大数据平台集中采集、处理、存储并应用数据，为提升中心化的机构运营效率、推动机构数字化转型带来很大帮助。然而，当关系对等的机构、企业之间需要共享数据，采用中心化的共享模式就会产生一系列的问题。一方面，各个主体间物资、财务等数据无法直接集成共享，对账清算异常烦琐；另一方面，各个主体担心自己的数据资产隐私受到侵害，不愿意共享数据，造成数据孤岛问题突出。

区块链是一个信息技术领域的术语，本质上是一个共享数据库，存储于其中的数据或信息，具有"不可伪造""全程留痕""可以追溯""公开透明""集体维护"等特征。基于区块链技术的数据共享新模式，通过分布式账本、数据隐私安全、数据精准确权、智能合约激励等机制有效解决了对等机构间数据共享的诸多问题，可以应用在金融机构之间、政府各部门之间、不同企业主体之间，实现跨领域的数据共享应用。

一、安全机制

安全机制是区块链中最为核心与关键的组成部分，而密码原语与密码方案是安全机制的支撑技术。在公有链中，安全机制主要包括：隐私保护、共识协议安全性、智能合约安全性、数字账户安全、离链交易安全机制、密码算法的实现安全及升级机制等。区块链技术迄今为止主要用于虚拟货币，主要的例子是"比特币"系统。区块链是一个分布式的数据库，由连续的块（block）组成，包含多条信息。区块链没有管理员，它是彻底无中心的。去中心化交易最大的问题就是交易的安全性。

与很多分布式系统一样，区块链系统中也有一个"不可能三角形"，就是高效低能、去中心化和安全性不可能同时做到最优。这就形成了一个问题，去中心化是区块链技术的核心价值，它是共识、不可篡改、可信的基础，是区块链价值观中的第一原则。在完全去中心化的系统中，效率一定是存在问题的。一般，常用的商用分布式设计区块链操作系统通过牺牲"去中心化"来提高运行效率。

区块链系统是一个复杂的技术组合系统，不同技术层面都可能存在安全问题。在节点层，与传统服务器的安全防范措施相比，基础公链系统中的每一个计算节点可以说都是"裸奔"

的，就好像是银行的银库和自己家的存钱柜。每一个计算节点很容易受到各种非法攻击。在合约层，智能合约可能只是一段代码，存在很多潜在的漏洞，很容易被恶意节点利用。用户在区块链上的账户名需要公布出来，通过用户的账户名，很容易获得用户账户的交易信息和账户余额，隐私问题也是个大问题。用户的私钥是唯一的，一旦丢失，就意味着资产的损失。以下是集中式模型和分布式模型的对比。

1. 集中式模型：

（1）通过银行等金融机构进行交易；

（2）银行统一管理余额和账户号码等信息；

（3）需要事先开户，获得 ID 卡；

（4）安全依赖于银行，需要通过各种法规和制度来检查欺诈行为。

2. 分布式模型：

（1）在 P2P 网络上在用户之间进行交易；

（2）地址由参与者本人管理，余额由全局共享的分布式账本进行管理；

（3）需要安装软件并连接到 P2P 网络；

（4）安全依赖于所有参加者，由大家共同判断某个成员是否值得信任。

二、分布式存储

分布式存储由谷歌提出，其目的是通过利用非集中的空闲服务器来解决大规模、高并发场景下的 Web 访问问题。基于可扩展的系统结构，多台存储服务器共同分担存储负荷，并利用位置服务器定位存储信息，提高了系统的可靠性、可用性、扩展性和存取效率。区块链分布式存储利用虚拟化技术、云计算技术、数据加密技术和结合点对点的区块链技术实现底层存储资源的"池化"，提供按需使用的去中心化的分布式云存储服务模式。区块链分布式存储不仅能够满足个人和商业应用对大量价值数据存储及分享的实际需求，更能为企业级用户提供安全、高性能和大规模存储应用服务，能够支持大规模的企业存储需求。

（一）分布式存储架构

与传统的存储技术相比，数据不再存储在一个中心化数据库中，而是利用密码技术分布式记录在所有的区块链节点中，每个节点都存储了一份完整的数据。节点间无须信任，去中心化的管理模式形成了权利对等的网络。网络中的部分节点受到第三方攻击或者发生故障，不会对整个网络的运行产生影响。这种有别于传统的新的分布式数据管理方法被称为"分布式账本技术"。图 6-1 对比了两种不同数据的存储结构。

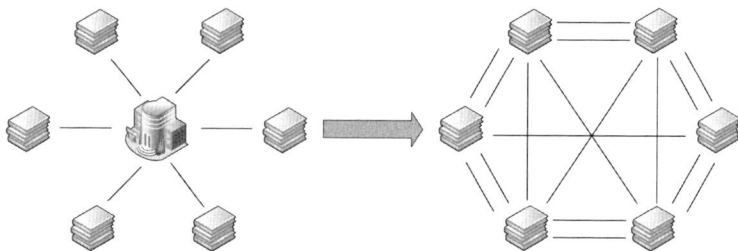

图 6-1 数据存储结构对比

分布式账本技术包含交易、区块和账本三个基本概念。一个交易记录一笔资产的转移过程，所谓用户 A 向用户 B 的一笔转款，或者企业 C 向企业 D 实物资产的转移，就是一笔交易。将一段时间内的所有交易打包在一起，就形成了一个区块。通过协商机制，确定交易网络中相关方均认可的区块，把区块按照时序串联在一起，形成全局性的共享账本。这个账本记录了交易网络中的所有业务活动，记录着所有相关参与方之间的价值转移的历史。图 6-2 描述了分布式账本的结构。

分布式账本技术中的区块是一个重要概念。一个区块由区块体与区块头两部分组成。区块体是前述提及的所有交易的集合。区块头中除了时间戳及本区块体的哈希值之外，还有前一个区块的哈希值，使得每个区块与前一个区块通过哈希算法相连。由于哈希算法的不可逆及输入敏感等特点，如不知道前一个区块的内容，就无法生成当前这个区块。因此，每个区块必

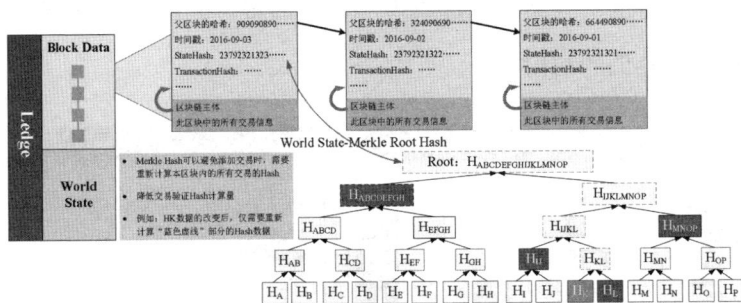

图 6-2　分布式账本的结构

定按照时间顺序排在前一个区块之后，形成了一条长链。图
6-3 展示了区块的结构。

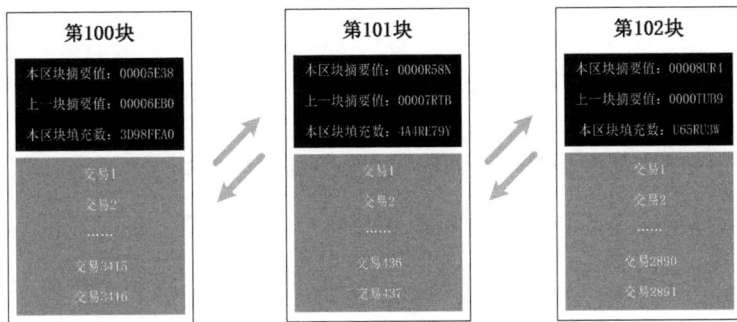

图 6-3　区块的结构

基于分布式存储的结构特性，如果有第三方想要更改一个
区块里的数据，那么需要篡改的就不只是这一个区块，还需要
修改之后的所有区块，即从这个区块开始向后的所有的数据历
史。这些历史数据遍布网络中的所有区块链节点，且受密码学
技术保护。这种数据存储和管理的新方式，使得区块链系统相

比较传统的信息系统，拥有更为安全的特性。图 6-4 展示了分布式存储的结构特性。

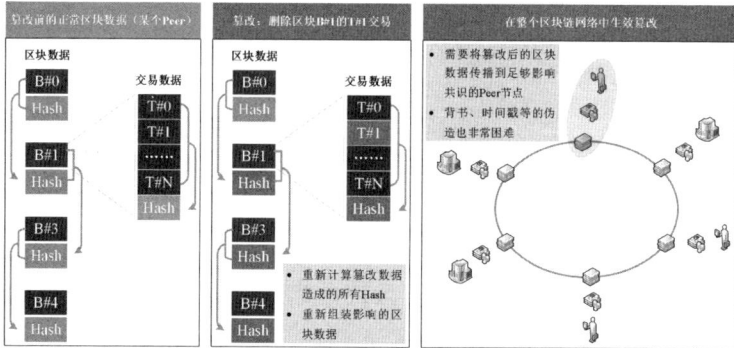

图 6-4　分布式存储的结构特性

（二）分布式存储特点

相比传统的集中式存储，区块链分布式存储很好地解决了数据的安全性和可靠性问题。虽然分布式存储相比于传统的集中式存储，在安全性、可靠性等方面都有很大的提升，但分布式存储网络的建设基础是有海量的存储设备。区块链分布式存储，在存储程序上看起来比传统的存储方式稍微复杂，但用户并不会感知到这一过程，只需要上传和下载即可完成用户对于数据存储的程序。其主要特点如下：

1. 大容量：系统节点可采用通用的 X86 架构存储服务器作为构建单元，可根据用户需要横向无限扩展存储节点，并且形成一个统一的共享存储池；

2. 高性能：相比传统存储，分布式存储系统能提供高出数倍的聚合 IOPS 和吞吐量，另外可以随着存储节点的扩容而线性增长，专用的元数据模块可以提供非常快速精准的数据检索和定位，满足前端业务快速响应的需求；

3. 更可靠：整个系统无任何的单点故障，数据安全和业务连续性能够得到保障。每个节点可看成是一块硬盘，节点设备之间有专门的数据保护策略，可实现系统的设备级冗余，并且可在线更换损坏的硬盘或者节点设备；

4. 易扩展：系统可以支持在线无缝动态横向扩展。在采用冗余策略的情况下，任何一个存储节点的上线和下线对前端业务没有任何影响，完全是透明的。并且系统在扩充新的存储节点后，可以选择自动负载均衡，所有数据压力会均匀分配在各存储节点上；

5. 易整合：兼容任何品牌的 X86 架构通用存储服务器，在标准的 IP/IB 网络环境下即可轻松实施，无须改变原有网络架构；

6. 易管理：通过一个简单的 Web 界面就可以对整个系统进行配置管理，运维简便，管理成本极低，一个管理员就可以轻松管理 PB 级别的存储系统。

（三）分布式存储应用

目前，全球每天就产生超过 500 亿 GB 的数据，据区块链资深专家预测，到 2025 年这一数据将超过 4000 亿 GB。新的数据存储方式已经成为企业和个人的迫切需要。区块链分布式存储本质上是把数据资源化，以区块链技术为基础的新型数据中心、新型数据平台，通过存储体系的分布式和智能化，真正意义上实现了信息和数据的广泛存储。分布式存储体系是数据价值传递的基础平台，让数据实现价值最大化。在实际应用方面，分布式存储具有以下优势：

1. 超强容错能力：在互联网环境下，一台计算机系统出现故障，需要不断修复来维持系统的运作。但在分布式网络中，系统依托很多独立的节点进行工作，某个节点出现问题不会影响到整个系统运行；

2. 超强抗攻击性：分布式网络不是单独依赖于某一节点的系统架构，多节点、分布式运作，当某个节点被攻击时，也不影响系统的运行；

3. 数据无法篡改：从区块链的技术来看，每个节点独立平行运行，数据记录不可更改，这样数据更透明、更安全，用户的利益也能得到更好地维护。

区块链分布式存储将会成为新一代"开放互联网"的基础设施，未来分布式存储的节点将成为新产业生态的重要构建者。在数字化转型不断加速的时代，数据的重要性越发凸显。区块链分布式存储有望构建的高维业态将以开放互联网、数据资产化和数字身份三个维度展开。开放互联网的基本特征包括：以数字身份系统为基础，开放而非垄断，平台价值公平分配给贡献者。区块链分布式存储能够帮助数据长期存储、有效确权、有序流转，构建数据价值流转的新生态，让每个主体完全掌控自己的身份、资产和信息，数据服务更加开放、透明、可信和智能。

三、分布式计算

区块链是分布式数据存储、点对点传输、共识机制、加密算法等计算机技术在互联网时代的创新应用模式。区块链本质上是一种数据结构，而分布式计算则是一种协同计算的方式，属于区块链技术的基础。

（一）分布式计算原理

分布式计算，又被称为分散式运算，主要研究如何把一个需要非常巨大的计算能力才能解决的问题分成许多小的部分，然后把这些部分分配给多个计算机进行处理，最后把这些计算结果综合起来得到最终的结果。这样可以节约整体计算时间，大大提高计算效率。分布式计算比起其他算法具有以下几个优点：

1. 稀有资源可以共享；
2. 通过分布式计算可以在多台计算机上平衡计算负载；

3. 可以把程序放在最适合运行它的计算机上。

资源共享和平衡负载是计算机分布式计算的核心思想之一。简而言之，分布式计算可以定义为在后端协同工作的多个计算机，在终端用户仅显示为一个计算机的组合。在这组系统中协同工作的各计算机同时工作，但若其中一个或某些计算机发生故障，整个系统依然可以继续工作。在一个分布式系统中，多台计算机可以承载不同的软件组件或功能，但所有的计算机在承担不同的任务和角色时，要协力合作去完成一个共同目标。分布式系统中的计算机可以物理上紧密相连并通过本地网络连接，也可以通过广域网连接。图 6-5 展示了分布式计算的拓扑图。

相比于传统数据库存储计算模式，分布式计算带来了不同的效果，尤其是应用于区块链领域，基于区块链的分布式计算基础设施将允许按需、安全和低成本地访问最具竞争力的计算基础设施，大大降低了数据中心的热能损耗。同时，数据供应商和消费者更容易获得所需计算资源，分布式应用程序可以通过分布式计算平台自动检索、查找、提供、使用、释放所需的所有计算资源，如应用程序、数据和服务器。

（二）分布式计算架构

当前，常见的分布式计算项目通常使用网络中计算机的闲置计算能力，通过网络进行数据传输。从本质上来说，区块链

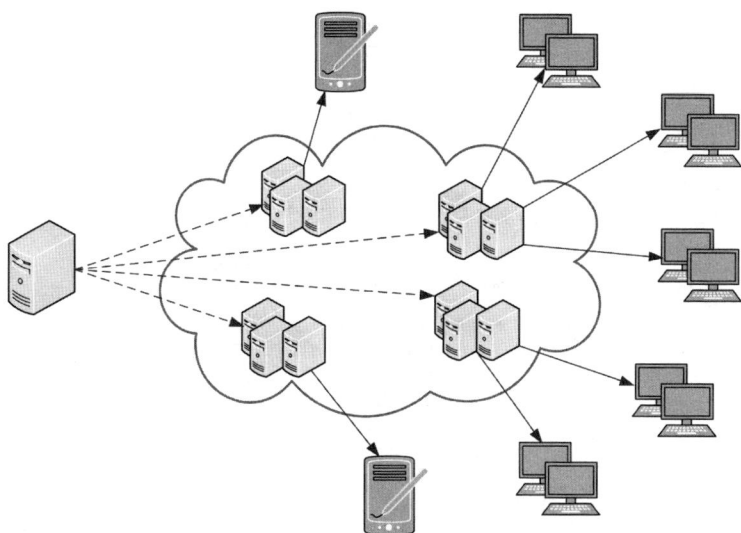

图6-5 分布式计算的拓扑图

就是加密版分布式计算，其中对等网络（peer-to-peer，P2P）是连接各对等节点的组网技术，网络的参与者共享其所拥有的CPU、存储等硬件资源。所有节点通过专有协议共享计算资源、软件及信息。

图6-6展示了P2P网络架构，节点之间完成的所有事务在网络的每个节点上都可用。共识算法是一种通用算法，通过它，区块链网络中的所有节点都可以就账本的当前状态达成共同的决定。这里，由于所有节点都与它们的邻居节点通信，因此也使用了分布式计算，以便做出特定决策。区块链分布式计算基于P2P架构，发挥了该技术的自身优势和潜力，能够很

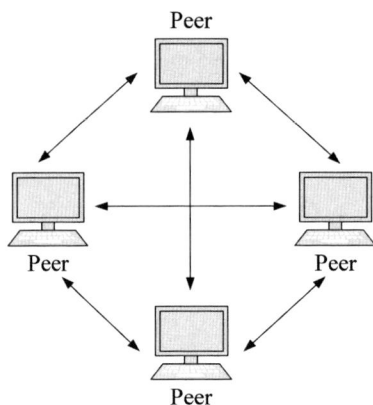

图 6-6　P2P 网络架构

好适应日益增长的流量和更高性能的需求。在 P2P 网络环境中，彼此连接的多台计算机之间都处于对等地位，网络中的每一台计算机既能充当网络服务的请求者，又能对其他计算机的请求做出响应，提供资源、服务和内容。其技术特点主要体现在以下几个方面：

1. 非中心化：网络中的资源和服务分散在所有节点上，信息的传输和服务的实现都直接在节点之间进行，无须中间环节和服务器的介入，避免了可能出现的瓶颈，也带来了可扩展性、健壮性等方面的优势；

2. 可扩展性：在 P2P 网络中，随着用户的加入，不仅服务的需求增加了，系统整体的资源和服务能力也在同步扩充，理论上其可扩展性几乎可以被认为是无限的，能够满足各种类型用户的需求；

3. 健壮性：P2P 架构天生具有耐攻击、高容错的优点，部分节点或网络遭到破坏对其他部分的影响很小，部分节点失效时能够自动调整，保持其他节点的连通性，并允许节点自由加入和离开；

4. 高性价比：性能优势是 P2P 被广泛关注的一个重要原因，基于 P2P 架构可以有效利用互联网中大量的普通节点，将计算机任务或存储资料分布到所有节点上，充分利用闲置的计算能力或存储空间，达到高性能计算和海量存储的目的；

5. 隐私保护：在 P2P 网络中，由于信息的传输分散在各节点之间进行而无须经过某个集中环节，用户的隐私信息被窃听和泄露的可能性大大减少，并且所有参与者都可以提供中继转发的功能，大大提高了匿名通信的灵活性和可靠性，为用户提供更好的隐私保护；

6. 负载均衡：P2P 网络环境下每个节点既是服务器又是客户端，资源分布在多个节点，降低了对传统 C/S 结构服务器计算能力、存储能力的要求，更好实现了整个网络的负载均衡。

第七章　确权赋能机制

数据要成为数字资产，最重要的是对数据进行确权，以互联网为基础的信息网络虽然便捷了数据的共享，但是却不能实现数据的确权以及数据价值的记录和流转，所以基于互联网的数据无法成为资产。伴随这个矛盾的激化，区块链技术的诞生有效地解决了数据确权的问题，每一份在区块链网络上生成的数据都可以被定义权属关系，数据确权了，它才具有了真正的价值，并且在区块链网络上可以实现数据资产的流转和交易。区块链技术可以解决数据的确权、定价、存证、信用和溯源等问题。然而，区块链在快速发展的过程中，越来越多的区块链项目及应用落地，但每条链都是独立、垂直、封闭的体系，不同的区块链之间有天然的阻隔，就像一个个"孤岛"。区块链之间的互通性极大程度限制了区块链的应用空间，跨链技术是实现价值互联网的关键，是区块链向外拓展和连接的桥梁。

一、跨链技术

（一）公证人机制

公证人机制是一种简单的跨链机制，在数字货币交易所中广泛使用，本质上是一种中介的方式。假设区块链 A 和 B 本身是不能直接进行互操作的，通过引入一个共同信任的第三方作为中介，由这个共同信任的中介进行跨链消息的验证和转发。公证人机制主要包括三种类型：单签公证人、多重签名公证人、分布式签名公证人。图 7-1 展示了公证人机制。

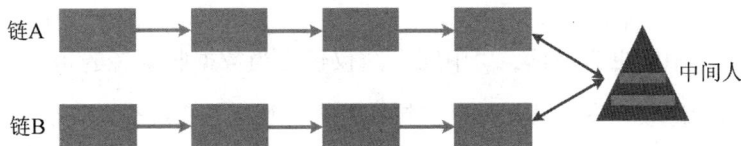

图 7-1　公证人机制

1. 单签名公证人机制：又叫中心化公证人机制，通常由单一指定的独立节点或者机构充当，它同时承担了数据收集—交易确认—验证的任务。

2. 多签名公证人机制：通常由多位公证人在各自账本上共同签名达成共识后才能完成交易，多重签名公证人的每一个节点都拥有自己的一个密钥，只有当达到一定的公证人签名数量或比例时，跨链交易才能被确认。

3. 分布式签名公证人机制：分布式签名公证人机制和多重签名公证人机制最大的区别在于签名方式不同，它采用了多方计算（Multi-Party Computation）的设计，安全性更高，实现也更复杂。

公证人机制是跨链技术中比较简单的一种，主要是充当中介的角色，目的是解决"先付款还是先发货"的安全问题，解决思路就是通过第三方担保和仲裁。公证人机制是双向跨链，可以实现跨链资产交换及转移，利用智能合约在链与链间操作，操作比较简单，缺点是易产生中心化。

（二）侧链/中继技术

中继更为灵活，"中间人"仅仅充当数据收集者的角色，目标链收到发送链数据后由接收链自行验证，完成交易确认的工作。侧链/中继可在多条主链中加入一个数据结构，然后基于这个数据结构，主链与主链之间就可以进行数据的交互。自行验证的方式依据系统结构的不同而不同，例如 BTC-Relay 依赖于 SPV 证明，Cosmos 还依靠验证节点签名数量等。如果在链 A 和链 B 之间存在第三方数据结构 C，C 是 A 和 B 的中继，如果 C 本身也是区块链结构，通常称为 Relay Chain。顺便提一下，Cosmos 和 Polkadot 都是运用中继技术。

侧链是以锚定某种原链上的代币为基础的新型区块链。比如，以太坊可以成为比特币的侧链，比特币作为以太坊的主链，但是主链不知道侧链的存在，侧链知道主链的存在，即侧链能读懂主链。BTCRelay 就是试图允许以太坊的智能合约安全地验证比特币的交易，而不需要任何中间机构。图 7-2 展示了侧链/中继技术。

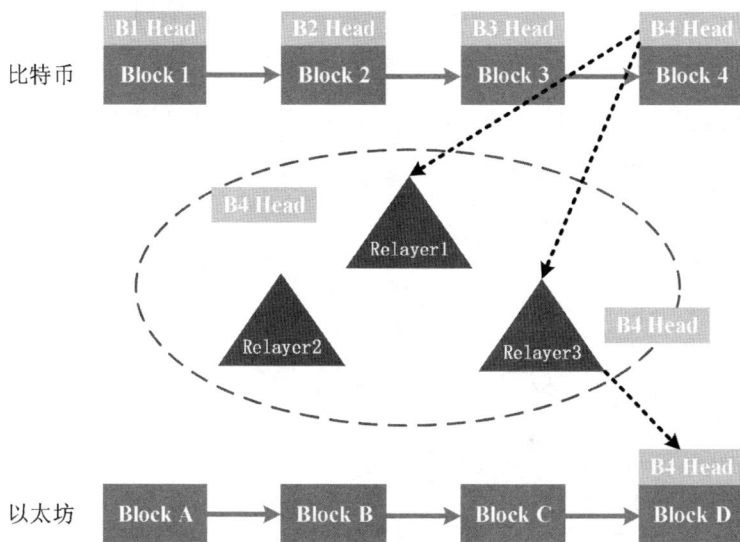

图 7-2 侧链/中继技术

（三）哈希锁定技术

哈希锁定，全称哈希时间锁定合约（Hash Time Lock Contract），是闪电网络中提出的一种新的技术实现形式。哈希锁定模式是指用户在规定的时间段对于哈希值的原值进行猜测来支付的一种机制。简单地讲，就是在智能合约的基础上，双方先锁定资产，如果都在有限的时间内输入正确哈希值的原值，即可完成交易。

闪电网络的底层技术就是哈希锁定，其基本原理为：A 和 B 可以达成协议，协议将锁定 A 的 1BTC，在时刻 T 到来之前（T 以未来的某个区块链高度表述），如果 B 能够向 A 出示一个适当的 R，使得 R 的哈希值等于事先约定的值 H（R），B 就能获得这 1BTC；如果直到时刻 T 过去了，B 仍然未能提供一个正确的 R，这 BTC 将自动解冻并归还 A。这个过程产生随机数和验证随机数的过程。

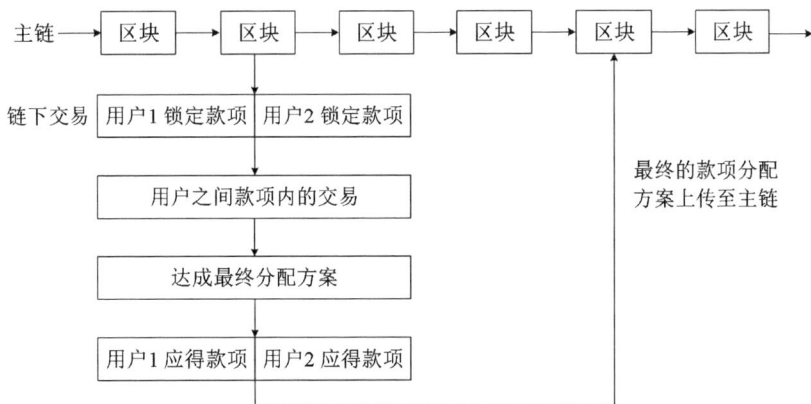

图 7-3　哈希锁定技术

在哈希时间锁定机制中，如果时间超过了规定时间，锁定在系统中的代币将会被收回。在整个过程中，链与链之间也不用相互了解，进而促进了交易的速度。而且如果交易失败，哈希锁定是不会收取额外的手续费。

（四）分布式私钥控制技术

分布式私钥控制是基于密码学里面一个多方计算和门限密钥的一个共享技术，是通过私钥生成与控制技术，把加密货币资产映射到基于区块链协议的内置资产模板的链上，根据跨链交易信息部署新的智能合约，创建出新的加密货币资产。分布式私钥就是把一个区块链里面的私钥分成了 N 份，同时再把它分给 N 个参与者，参与者每个人就都掌握了一部分私钥，只有集齐了其中的 K（K<N）个私钥的分配之后，才能恢复出这个完整的私钥，进而才能够对这个私钥上面的资产进行解锁。

原有加密资产被转移到跨链上时，跨链节点会在已有合约中为用户发放等值代币，为使原有链上的资产在跨链上仍然可以交易，原有链资产在跨链上进行分布式控制权管理的操作有锁定和解锁。锁定和解锁是对于链上资产的互逆操作。

锁定就是对所有通过密钥控制的数字资产实现分布式控制权管理和资产映射的过程。需要委托去中心化的网络掌管用户的私钥，用户自己掌握跨链上那部分代理资产的私钥。解锁就是利用掌握的分布式私钥对于锁定的代币进行解锁操作，使代币由原来的不可操作状态变成现在的可转移可操作状态。由于分布式私钥通过委托去中心化网络掌握用户私钥，同时用户也掌握代理自身资产的部分私钥，所以不存在第三方持有私钥。

二、共享机制

在区块链系统中，各参与主体集体维护账本数据库，通过共识算法维护数据一致性，并以链式数据结构和复杂的加密技术确保数据不可篡改。这些设计与以往中心化的信息系统截然不同，代表着一种新的技术范式。区块链的出现，有望弥补传统网络技术在信任机制上的先天缺陷，提供了一种在数字世界进行数据共享、建立信任关系的便捷方式。

（一）信息共享存在的风险

通过对区块链的应用现状和各类业务安全事件分析，信息共享存在的风险主要集中在金融交易、数字货币、虚拟资产、数据共享等领域。存在风险的主要情况如下：

1. 基于区块链的金融交易面临链上账户与线下用户身份认证、交易数据细粒度不足的授权机制等问题，一旦个体账户遭到攻击，可能造成资产丢失，直接影响财产的安全；

2. 数字货币作为区块链的标志性应用，在账户保护、攻击防护、风险防控等方面存在不足，遭到攻击后不仅造成资产损失，还可能导致业务中断，甚至平台瘫痪；

3. 面临同样威胁的还有基于区块链的虚拟资产，如果在账户保护和资产转移等环节缺乏强有力的保护措施，将面临盗号、虚假交易、营销作弊、外挂机器、隐私泄露等威胁；

4. 在数据可信共享的区块链应用上，数据泄露防护与用户信任是关键，面临链上隐私数据保护、未授权的恶意访问、账户密钥被盗等威胁，需要有效的机制防止数据泄露。

(二) 数据交互的安全架构

通常，区块链系统的基础架构模型分为应用层、合约层、激励层、共识层、网络层、数据层六层。如图7-4所示，区块链系统架构包括以下六层。

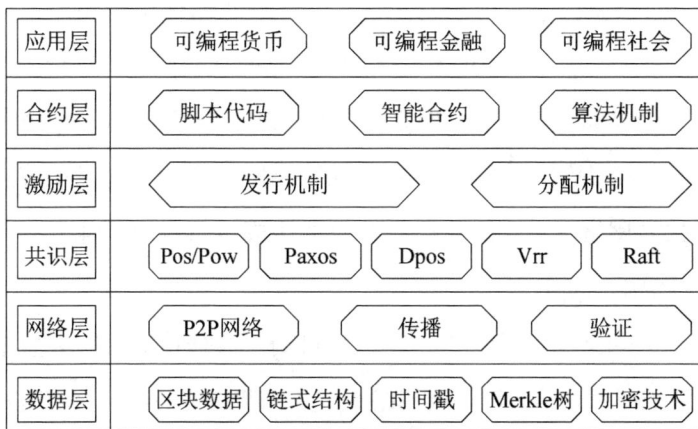

应用层	可编程货币	可编程金融	可编程社会
合约层	脚本代码	智能合约	算法机制
激励层	发行机制	分配机制	
共识层	Pos/Pow　Paxos　Dpos　Vrr　Raft		
网络层	P2P网络	传播	验证
数据层	区块数据　链式结构　时间戳　Merkle树　加密技术		

图7-4　区块链系统架构

1. 应用层：封装了区块链的各种应用和场景，比如3种可编程应用类型，即可编程货币、可编程金融及可编程社会。

如虚拟货币、区块链金融、区块链征信等。

2. 合约层：由脚本、算法机制和智能合约所构成的可编程基础框架，使区块链可编程。例如，智能合约是区块链的一些脚本，区块链上的各种交易会触发对应的脚本。触发后，该脚本可以从区块链读取数据或向区块链写入数据甚至去触发其他脚本协同工作，从而形成程序算法来替换人为仲裁和执行合同的模式，可以节省巨大的信任成本。

3. 激励层：负责为奖励记账工作而进行货币发行、交易费用分配任务。激励层提供了一些激励方法，鼓励节点参与记账并确保整个网络的安全运行。通过共识机制，赢得记账权的节点可以获得一定的奖励。目前，最熟悉的两个主要激励因素，一是产生新区块的系统奖励，二是每次的交易手续费。

4. 共识层：封装了网络节点的 PoW、PoS、DPoS 和 PBFT 等各类共识算法，实现分布式共识机制，允许高度分散的节点在 P2P 网络中对区块数据的有效性达成一致，确定谁可以向主链中添加新的区块。

5. 网络层：封装了 P2P 组网机制、数据传播机制和数据验证机制，扮演了区块链网络中节点和节点之间信息交换的角色，负责用户点对点信息交换，主要包括 P2P 网络机制、数据传播和验证机制。由于区块的 P2P 特性，数据传输在节点之间进行，即使部分节点或网络被攻击，也不会对其他部分的传输产生影响。

6. 数据层：封装了底层数据区块的数据结构和加密机制，并将所有数据都包含在每个数据节点之间，主要解决这些数据如何组合形成有意义的块的形式。每个块包括块的大小、块头、块中包含的事务数，以及最近一些或所有的新事务。

随着对区块链技术研究的深入，区块链架构也在不断变化，很多传统的模块被弱化，激励层的机制在联盟链和私有链技术中甚至已被替代。例如数据层、共识层、激励层以及合约层的技术和机制大部分都是在交易的过程中体现，并没有很明显的区分。对于激励机制来说，大多数公有链依赖代币机制激励节点打包新的交易数据，而在联盟链和私有链中由于系统结构相对较为封闭，多为互相合作的多方来构建，可不使用代币机制来进行激励。基于区块链的数据管理安全架构如图 7-5 所示。

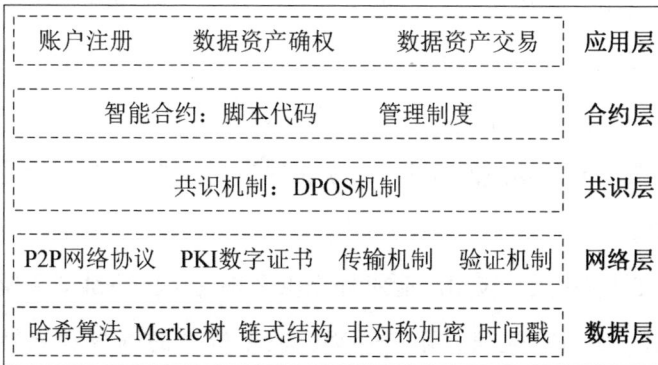

账户注册　　数据资产确权　　数据资产交易	应用层
智能合约：脚本代码　　管理制度	合约层
共识机制：DPOS机制	共识层
P2P网络协议　PKI数字证书　传输机制　验证机制	网络层
哈希算法 Merkle树 链式结构 非对称加密 时间戳	数据层

图 7-5　基于区块链的数据管理架构

1. 数据层：数据层主要包括数据类别等的数字资产所有相关信息、系统节点账户信息等，使用链式区块进行存储。

2. 网络层：网络层包括点对点网络在内的数据传播机制与数据验证机制等，目的是维持不同节点之间区块数据的同步并进行验证。

3. 共识层：区块链系统本质上是一种多个节点同时运行，共同维护的去中心化应用，单节点生成的结果需与全网节点达成共识，经确认后才可被打包入链。其中，较多采用的 PoW（工作量证明）共识机制需要耗费大量的时间与算力来争取记账权以达成共识，而 DPoS（股份授权证明）共识机制采用所有节点投票选取超级节点直接获得记账权的方式，仅需极少的计算时间和消耗就能够保证区块链系统的正常运转。考虑到数据资产管理系统为联盟链，节点可信度高，采用 DPoS 共识算法更为简洁、高效，更适合作为系统的共识算法。

4. 合约层：合约层主要是在管理制度的约束下利用由自动化脚本代码组成的智能合约来实现各类功能，如匹配交易双方等。

5. 应用层：应用层能对外提供多种基于区块链的系统的应用，如节点注册、账户管理、数字资产的确权和流转交易等。

（三）数据共享的安全保障

区块链是一种建立在多种技术之上的分布式共享账本技术，而区块链本质上是一种多方参与共同维护的分布式数据库。相对于集中式数据库管理系统，区块链系统采用去中心化或者弱中心化的数据管理模式，没有中心节点，所有参与节点均可以存储数据，而事务的持久性则依靠参与节点共同维护的不断增长的数据链和非集中式的共识机制实现，保证了数据在基于验证基础上的可信性。因此，区块链综合运用新一代信息通信技术和密码学原理构建新型信任机制，解决了复杂网络环境下数据融通、设备安全、隐私保护、多方协同等存在的风险。现阶段，各机构基于不同视角给出的区块链定义尚未统一，但共同的认识是区块链是融合多种信息通信技术应用的分布式公共账本。

在区块链已经落地的诸多场景中，区块链技术的核心价值就在于保障数据安全。信息化是将传统纸质化的工作方式电子化、数据化，并提供各类服务和信息，存在被非法入侵、操作的风险。数据的交换过程中存在管理、可控、安全、可信、透明等诸多难题。但是，将区块链技术嵌入相关的业务系统可以很好地解决这些问题。各类数据包含大量的个人隐私、商业机密等敏感信息，保障数据安全的需求贯穿数据的整个生命周期，这是区块链技术最核心的应用价值所在。

区块链可以解决大数据的安全性问题，也可以保证数据的隐私性。所有的数据从采集、交易、流通以及计算分析的每一步记录都可以留存在区块链上，有利于全面保障数据使用的安全合规。区块链技术解决了数据共享最基础的信任问题，能够实现数据安全共享，杜绝了数据被滥用。同时，作为底层加密技术，区块链加密技术能够有效保障数据安全，改变当下数据易泄露、易被利用的现状。随着区块链加密技术的成熟应用，极大地推动了社会管理体系的变革。

综合来说，区块链是一种可以制造信用的技术，它能够让毫无任何关系的节点互相信任，并达成共识，而不需要任何权威机构作为中介进行背书，通过智能合约处理各种事务，减少了人为干预的风险，这种新的技术特点，可以应用于很多领域。

第三篇

中国特色社会主义链的应用场景

从古至今，中国人特别崇尚公平公正，儒家"不患寡而患不均，不患贫而患不安"的思想深入人心，法家"凡治国之道，必先富民"的主张影响深远；西汉史学家司马迁总结历史经验，认为"治国之道，富民为始"。新中国成立以来，中国共产党人将马克思主义基本原理与中国国情结合起来，领导中国人民开辟中国特色社会主义道路，将创造美好生活、实现共同富裕作为自己的奋斗目标。当今世界处于百年未有之大变局的关键时刻，中国共产党毫不动摇领导全体人民勤劳创新，吹响奔向共同富裕美好征程的号角。

共同富裕是社会主义的本质要求，是人民群众的共同期盼。党的十八大以来，以习近平同志为核心的党中央始终坚持、着力践行以人民为中心的发展思想，把逐步实现全体人民共同富裕摆在更加重要的位置上，积极推进共同富裕的实施，为促进共同富裕创造良好的条件。2021 年 8 月 17 日，在中央财经委员会第十次会议上，习近平总书记强调：要"在高质量发展中促进共同富裕"①，并对共同富裕的特征、内涵以及实现路径作了深刻的阐释。共同富裕是马克思主义的内在本质属性，具有鲜明的时代特征和中国特色，是全体人民通过辛勤劳动和相互帮助，普遍达到生活富裕富足、精神自信自强、环境宜居宜业、社会和谐和睦、公共服务普及普惠，实现人的全面发展和社会全面进步，共享改革发展成果和幸福美好生活。

"科技是国家强盛之基，创新是民族进步之魂。"② 在经济发展过程中，我们不仅要分好"蛋糕"，更要做大"蛋糕"，这就要求我们在推进共同富裕过程中必须具备充分考虑发展实际的科学精神和创新精神。自古以来，科学技术就以一种不可逆转、不可抗拒的力量推动着人类社会向前发展，对推动我国共同富裕的实现发挥着不可替代的作用。数字化时代的到来，为共同富裕提供了一种新的范式。当前以区块链、人工智能、大数据等为代表的现代化科学技术越来越与社会生产相结合，开辟着生产发展的新领域，快速融入和渗透到社会发展的各个领域，这不仅美化了我们的生活与工作环境，还破除了数字化转型过程中影响人民对美好生活向往的种种壁垒，更加提升了人民的幸福体验和生活便利，有力推动了实现共同富裕的进程。

---

① 《习近平谈治国理政》第四卷，外文出版社 2022 年版，第 144 页。
② 《习近平关于科技创新论述摘编》，中央文献出版社 2016 年版，第 27 页。

目前我国正行走在以高质量发展稳步推进共同富裕的道路上。区块链作为一种蕴含着深刻变革力量的新兴技术，含有分布式、点对点、多方共识等运行机理，其创建之初的思想原点和技术演进路线与新发展阶段全民共富、全面共富、共建共富、逐步共富的共同富裕理念高度契合。国家发改委将区块链归属于"新基建"的信息基础设施，必将成为中国实现共同富裕不可或缺的基础支撑技术，在促进数据共享、优化业务办理流程、降低业务运营成本、提升协同效率、构建信任体系等方面发挥重大作用。因此，必须将区块链技术赋能数字化经济发展，助力实现全体人民共同富裕。

区块链促进数据共享，惠国惠民。数据作为新型生产要素，能更好地服务于改革与高质量发展目标，同时又能促进人民普惠公平地共享"数据红利"，助力人民创造美好生活和赋能共同富裕。习近平总书记在中共中央政治局第十八次集体学习中强调：要探索"区块链+"在民生领域的运用，为人民群众提供更加智能、更加便捷、更加优质的公共服务；要探索利用区块链数据共享模式，实现政务数据跨部门、跨区域共同维护利用。① 在政务领域电子证照、电子票据等多个场景中，基于区块链技术多方维护和实时共享的特性，实现政务数据跨部门、跨区域共同维护和利用，促进业务协同办理，深化"最

---

① 《把区块链作为核心技术自主创新重要突破　加快推动区块链技术和产业创新发展》，《人民日报》2019 年 10 月 26 日。

多跑一次"改革，为人民群众带来更好的政务服务体验。在环保领域中，将环保的所有数据通过联盟链的形式共享于环境保护的各个领域，形成一个多方协同共治共保共享的环境保护网络，拉近了各个领域生态环境耦合关系，通过关联数据分析，为提升生态环境治理体系和治理能力现代化水平提供新的方法，强化多污染物协同控制和区域协同治理，为全民打造美丽宜居的生活环境。

区块链优化业务流程，降投增收。区块链技术构建了一个强一致性网络，使得链上的所有节点的地位、作用、所占有的数据完全一致，实现了信息的对称分享，扁平化、多层次管理模式，优化了业务流程，降低了管理投入。在跨境支付应用中，区块链将传统跨境支付中逐个节点确认传递的汇款模式转化为业务点对点实时同步确认，在汇出端发起汇款的同时，所有参与方均收到汇款信息，做合规审核后，各方在区块链上能协同完成汇款交易，不再依托代理行等第三方，优化了交易环节流程，降低了跨国业务投入，为国民生活提供了便利，为国家经济建设提供了资金保证。在供应链授信融资的应用中，代表核心大企业拖欠的债务凭证能被层层转移支付给上游供应商，从而使得多级供应商可以拥有核心大企业的债务凭证，凭此获得金融机构的融资，解决了中小微企业融资难和融资贵的难题，为扩大就业、改善民生提供重要支撑，助力中小企业平稳健康发展。

区块链降低运营成本，降本提质。通过区块链技术，不依赖可信任的第三方就能进行信息以及价值的传递，缩短业务处理环节，降低人工工作量，有效降低运营成本。在乡村振兴方面，区块链赋能农产品溯源、生猪养殖、乡村文旅等方面，通过分布式网络来扩散农业产业链的信息，为乡村振兴实现政策、资源、经济统一发展建立了高速通道，能帮助农户打造点多、面广、宣传力度强的宣传网络，实现政策供给、服务资源、服务项目与对象需求的快速、精准匹配，降低了服务部门的运营成本，推动了乡村高质量发展。在银行、保险等金融领域，通过减少现有流程的中间环节，减轻保存纪录和管理交易对账等的行政工作，可以塑造高效、低成本的金融交易模式，简化验证、对账、审批与清算等交易流程，大幅降低人工、跨机构、跨系统信息传输中的错误发生率，有力地提升金融交易结算的效率和质量。据人民网报道，通过区块链技术在供应链中的应用，可有效降低15%—50%的程序成本。区块链技术创新要回归初心服务实体经济，以服务实体经济为出发点和落脚点，促进经济普惠共享，提升普惠金融覆盖面，进一步深化金融供给侧结构性改革，全面提升金融服务实体经济的效率和水平，助推经济社会平稳发展，助力共同富裕，做大做好"蛋糕"。

区块链提升协同效率，提速增效。区块链提供了一种进行信息与价值传递交换的可信通道，构建可信数据传输链条，满足具有信任、价值、协作需求的业务场景，创建高效协同的合作网络，有效提升协作效率。在食品药品安全溯源、供应链等领域，通过分布式数据库、智能合约等技术，实现了食品产品从原料、生产、物流、消费等环节的全环节数据链上记录，通过建立可信的数据流通链条，保障各环节公开透明，有效增加食品药品以及供应链环节中的透明度和可信性，减少供应链环节中的文书流程，极大提高供应链的效率，促进跨部门、跨地区协作，提升协同效率。在金融产品发行领域，利用区块链技术提升各参与者的信任基础和风控水平，提升产品发行效率，降低发行成本。通过共识机制，强化数字金融赋能，构建共同富裕目标下的新发展格局，推动产业融合发展。

区块链建设可信体系，兴国富国。通过区块链技术构建去中心化的、无法篡改的数据流通共享网络，实现数据可信确权，通过共识机制确保链上数据的一致性，实现各节点数据可信共享，有助于共同富裕目标下可信社会体系构建。消除各主体间不对称信任屏障，确保社会资源在社会各参与主体中的合理分配和自由流通。在医疗等领域，基于区块链的信息流转网络，实现医疗保险业务链条的数据可信传输，构建跨部门的可信数据体系，减少数据造假和信息滥用引起的保险欺诈行为。在慈善领域，构建可信透明的信息共享体系，扩大了构建共同富裕目标下的慈善信息信任传导网络，消除善款捐助、流转、分发等过程中的造假行为，加大相关部门及公众的监督力度，实现需求精准对接。通过区块链技术创新，构建可信社会体系，在追求共同富裕中解决发展不平衡的问题，消除两极分化，缩小区域、城乡和收入的差距，维护共同富裕的社会基础，加快建设社会主义现代化强国，深化收入分配制度改革，进一步缩小社会贫富差距，保障人民群众安居乐业，维护社会长治久安，巩固"富裕"的社会基础。

共同富裕是全国人民矢志不渝的奋斗目标，也是中国式现代化的重要特征，区块链技术为解决经济发展不平衡提供了重要途径，能够正确处理效率与公平的关系，为人民奔向共同富裕提供了公平、公正、公开的环境。在新时代新征程上，我们把促进全体人民共同富裕作为为人民谋幸福的着力点，作为全面建设社会主义现代化强国的题中应有之义，将区块链技术与其他技术融合，推动"信息互联"向"价值互联"变迁。在技术和应用的双重加持下，多场景构成的区块链生态可为共同富裕开辟更多新途径。

在时代和政策的感召力下，本篇通过聚焦区块链技术的适应性，拓展多元化应用场景，为金融、保险、跨境贸易、政务、医疗、慈善、食品安全、环保、双碳等多领域多场景提供可复制、可推广、可借鉴区块链技术应用解决方案，希望全方位发挥区块链"信任机器"的作用，让所有人都能享受到区块链带来的美好生活。

.

第八章　促进经济普惠共享

"治国之道，富民为始。"共同富裕是社会主义的本质要求，是中国式现代化的重要特征。推动经济社会和谐发展，是我们义不容辞的责任。当今时代，以信息技术为代表的新一轮科技革命和产业革命加速推进，区块链成为全球技术发展的前沿阵地，这一新技术以其独有的渗透性、冲击性、倍增性和创新性驱动着科技创新发展，在世界各国掀起了一股"强风暴"，正在深刻改变和影响着人们的生活。区块链技术不断成熟，在经济社会的各个领域快速渗透应用，对提升社会资源使用价值、重构产业链上下游企业生产关系、打造高效共享经济发挥着重要作用，真正实现了全社会资源再利用、价值再创造，推动着人民生活向更方便、更绿色发展，更大力度地赋能实体经济和数字经济相融合，为实现共同富裕提供了丰厚的物质基础。

本章通过介绍金融、保险、跨境贸易、政务四个领域的行业现状和痛点，结合区块链技术的特色优势作用，阐述区块链赋能各个领域的创新发展和丰富应用，展望未来发展前景。

一、区块链+金融

金融作为一种交易活动，核心是跨时间、跨空间的价值交换，其本质是价值流通。在我国日常经济生活的一般口径下，金融主要包括与物价有紧密联系的货币流通、银行与非银行金融机构体系、短期资金拆借市场、证券市场、保险系统以及国际金融等。金融产品的种类众多，其中主要包括银行、证券、保险、信托等。金融行业是全球经济发展的动力，也是中心化程度最高的行业之一。区块链技术与金融行业的高耦合性，使得区块链在金融行业表现十分活跃，常见的区块链应用场景如供应链金融、中小微企业贸易融资、支付结算、票据交易等，中国人民银行、摩根大通银行、汇丰银行等众多顶级金融机构依托区块链技术在安全、效率、互信建立等方面均已开展了丰富的研究和应用实践。

（一）业务现状及痛点

在传统金融行业中，供应链金融、支付清算、征信管理、票据交易等业务流程在实现快跑的同时也面临着很多障碍，例如金融交易数据可被篡改难以确保可信、合同约束难以杜绝恶意违约、金融上下游企业信任难以同步共享信息、多方参与交易过程费时低效等，从而导致客户隐私保护不足、监管部门监管滞后等现象，总的来说，主要存在以下四个方面问题。

1. 供应链上"信息孤岛"问题凸显

金融在发展过程中催生了大量的中心化机构，包括证券公司、第三方支付平台、银行和交易所等，这类中心化机构一直以来对金融信息的处理存在时滞、信息屏蔽的情况。金融科技公司之间的竞争导致各类金融主体间的发展不平衡，金融科技公司与金融机构之间发展的失衡和数据的垄断，导致数据分布和数据使用失衡，且很容易产生数字鸿沟问题，从而形成"信息孤岛"。

2. 上下游企业信用传递难以同步

基于目前的金融业务流程，金融行业信用信息分散在各个机构，如银行、法院、运营商，相互之间的数据无法互通，传统供应链金融工具传递核心企业信用能力有限，"信息孤岛"导致上游供应商与核心企业的间接贸易信息不能得到证明，出现银行承兑准入条件高、商业汇票存在信用风险等问题，在核心企业信用传递过程中，会导致只传递到一级供应商层级，不能在整条供应链上做到跨级传递。另外，当产业链越长，参与方越多，核心企业的信用传递就越难传递到末端经营商，这就导致供应链上参与主体的公信力大大降低。

3. 支付结算效率有待提升

支付清算中心是当前各银行开展支付和清算业务的中心

枢纽，需要完成从支付申请发起、数据信息反馈、交易记账对账等诸多环节，需要耗费较长的时间和成本。在银行支付清算过程中，一般为了保证交易安全，需要在中介银行开设备付金账号，还要弄清楚票据的真伪，这样可能出现信息不透明，增加操作过程风险，进而增加市场风险。而且，每个银行都会设立自己的清算支付部门，投入了大量人力物力，增加了清算成本。在跨境支付场景中，不同的银行系统中协作不畅通，支付生命周期内的一系列流程耗时较长，不同金融机构间的用户数据难以实现交互等问题，造成支付计算耗时长、成本高。

4. 金融监管滞后且不对称

近年来互联网金融产品不断涌现，金融领域监管方式滞后于技术的发展，在传统的金融行业中，监管者监管提交数据主要通过银行等金融机构。但是在新形势下，科技驱动金融服务快速发展，在交易流程中交易效率、交易量、交易模式等相关的金融消费节点数量日益增多，都将远超过传统的金融模式。被监管企业的金融系统的信息不共享，监管机构又严重依赖被监管者的经营信息，由于资金信息传递路径长，就会导致双方之间出现严重的信息不对称。对于监管者来说，信息不足就导致很难确保决策的准确无误。

（二）区块链技术赋能金融领域

1. 助力金融交易提质增效，降低风险与成本

"区块链+金融"可以塑造高效率、低成本的金融交易模式，在贸易金融、供应链金融及征信等场景中，区块链技术能融合相关数据流、信息流和资金流，简化验证、对账、审批与清算等交易流程。通过点对点交易模式，可以大幅降低人工、跨机构、跨系统信息传输中的错误发生率；通过区块链智能合约，可以自动确认并执行双方交易结果，有力提升金融交易结算的效率和质量。同时，区块链技术可以解决消费金融业务面临的欺诈风险防控难题，大幅降低金融风险成本，延缓行业分化速度，甚至改变消费金融行业的发展轨迹。

2. 加强金融企业信任传递，降低信用风险

利用区块链的"机器创造信任"，区块链技术的分布式存储、不可篡改、时间戳验证等属性，能够将相互不信任的节点连接在一起完成信任传递，实现金融行业上下游企业参与方之间的有效连接和高效协作。区块链技术下，每个数据节点都可以验证账本内容，构造历史真实数据真实性和完整性，这使得经济活动可追责，易于降低系统信任风险。区块链技术的共识机制、时间戳和智能合约功能可有效解决信任、隐私和安全等问题，帮助核心企业的信用转化为数字凭证，使信用可沿供应

链条有效传导，降低合作成本，实现信用打通；在跨多机构的业务场景中可帮助金融机构优化金融基础结构、降低信息不对称的程度、提高金融服务效率，为共享经济的发展营造良好环境。

3. 提升银行支付结算效率，节约清算成本

在银行进行清算交易中，由于区块链技术是分散的数据库，及其可追溯、不易篡改、按时间记录等特性，因此能够在银行清算交易时弱化中介银行功能，即使信息不对称，也能建立信任环境，实现价值交易。当前，每个银行都有其核心系统，银行的系统之间不能互联互通，难以实现信息共享，只有当银行开放端口后才能实现对接，但银行是有条件的。而使用区块链技术，利用时间维度加区块记录支付信息，在若干个区块中，同时记录每一个支付信息内容，就有多个副本，这样就很难修改交易数据，实现信息共享，防止篡改交易信息。另外，区块链技术给每个用户设计专用代码，避免用户姓名、账号等身份信息和账号泄露。通过利用区块链技术，不仅能够优化支付程序，还能避免中介负责清算交易中出现的问题。区块链技术能使交易行双方端端对接，同步结算交易，大幅节约清算成本。

4. 优化金融监管路径，重构监管模式

防范重大、系统性与局部性金融风险是金融监管的重要职责和使命，区块链技术以其防篡改、分布式记账、高度透明的

特性，为金融应用提供了天然的信任基础，确保了数据的真实性和可追责性。金融监管机构在对金融科技企业进行监管时，通过区块链技术，构建大数据分析和风险预警机制，建立事前风险防范系统。以支付结算为例，监管机构的核心目标是完善数据收集和数据评估能力，区块链技术的逐步应用将使系统内的每一笔交易都被记录且难以篡改，从而有效改变传统监管机制中依托各方自身进行信息披露并借助于监管机构进行审核信息的模式，进而实现精准收集信息、优化监管路径的目标。

（三）区块链在金融领域的应用场景

区块链技术本质上是一种分布式去中心化的记账系统。近年来，随着区块链技术的快速发展，在银行、证券、征信和保

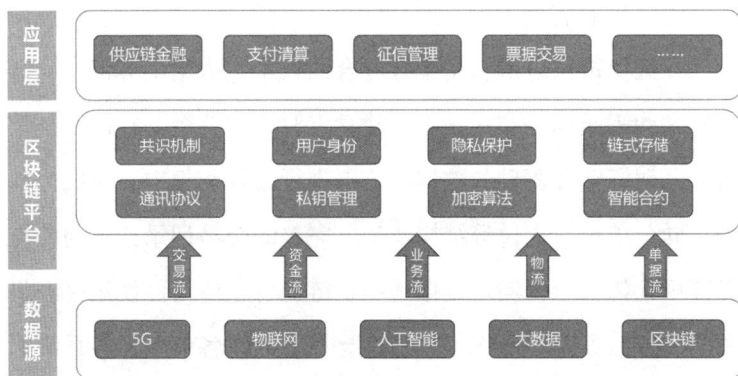

图 8-1 区块链技术在金融领域的应用①

---

① 图片参考：《区块链金融应用发展白皮书》。

险等领域应用落地，中国乃至世界大国的各类金融机构在供应链金融、支付清算、票据、风险管理等细分领域都有应用落地。

1. 区块链在供应链金融场景中的应用

随着激烈的市场竞争逐步从单一企业间竞争转向整体供应链间竞争，供应链金融在经济社会中发挥着越来越重要的作用，当前供应链金融与新技术融合加速，成为区块链技术应用的热点领域之一。在供应链上企业信息存在不透明、不通畅的问题，同时，由于供应链金融的多主体合作协调机制复杂烦琐，导致供应链金融风险难以把控。而区块链技术去中心化、不可篡改、共识机制等特点与供应链金融的特点具有天然的匹配性，能够打通供应链上的物流、信息流、资金流，三流合一，解决行业痛点。

在区块链供应链，基于智能合约技术，依据供应链参与节点的结构来布局分布式账本，建立点对点的关系，在区块链架构下，融资业务驱动的数据在节点进行公开和集中，形成由基础合同、单证、支付等结构严密、完整的交易记录，不同参与者都可上传数据，实现数据透明；链上各主体均可使用已经集中的一致数据源，而无须单独去寻找分散在各节点、各系统上的数据。另外，区块链技术通过采用通证（Token）拆解核心企业、各级供应商所签发的贸易合同凭证信用信息，并将核心企业和各参与方主体的信息数据上链且沿着供应链逐级传递，使得全链供应商均可获得核心企业的信任背书，进而帮助全链供应商能够通过（Token）进行融资，有效解决"信息孤岛"问题和多主体信任关系问题。

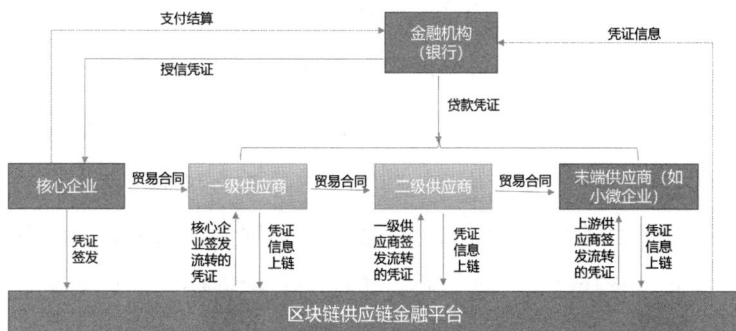

图 8-2　供应链金融全业务流程①

2. 区块链在支付清算场景中的应用

在传统银行支付清算过程中，每个银行都有其核心系统，银行的系统之间不能互联互通，各机构的用户数难以高效交互，用户识别存在成本高、安全性难以保证的风险。只有当银行开放端口后才能实现对接，但银行是有条件的，这样，就不能实现信息共享。区块链技术具备数据不可篡改和可追溯性的特性，在支付清算领域发挥重要作用。目前，区块链技术最成熟的应用是支付与转账，其能够避开繁杂的系统，简化金融机构间对账和审查的流程，加速资金结算速度；同时，运用虚拟

---

① 图片源自《区块链在金融业务中的主要应用》，见 http://www.elecfans.com/blockchain/843194.html。

货币以及借助无须清算所的介入的特性，还能极大地减少交易费用。

在支付清算，尤其是跨境支付清算领域，区块链技术已形成金融交易的标准协议，该协议可以在世界范围内实现点对点的金融交易。区块链的跨境支付实际上就是借助一种虚拟货币，通过虚拟货币的中介作用，实现交易双方跨境支付。也就是说，基于 Ripple 利用分布式账本技术，使得汇款人通过平台进行汇款时，平台会首先将货币转换为代币或数字资产，收款端显示的也是代币或者数字资产，之后系统会根据收款客户所在地将代币自动转换为当地货币，且资金转入收款人的账户，完成跨境支付。这种支付模式具有成本低、效率高、安全性强的优势，并且便于对资金流动性进行监控。

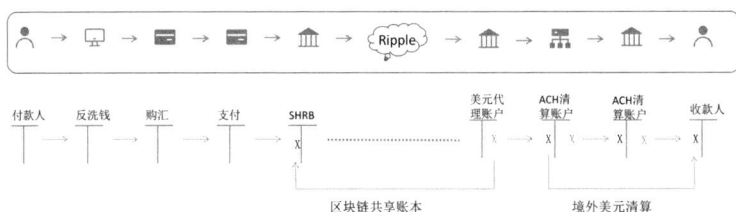

图 8-3　基于 Ripple 的跨境汇款业务流程①

①　图片源自刘松：《区块链技术在我国支付清算领域的应用研究》，《金融科技时代》2018 年第 7 期。

3. 区块链在征信管理场景中的应用

银行各项业务的开展，离不开信用体系的支撑，征信是信用系统的关键环节。传统的征信系统大都采取中心化模式，这会使得征信机构与征信机构、征信机构与其他机构之间缺乏有效的共享合作，将导致严重的信息封闭，无法实现征信业内高质量的数据流通、共享、交易，造成征信机构与用户信息不对称。采用区块链技术构建全新的征信系统可以较好地解决体系的难点、痛点，降低信用交易风险和交易成本，提高信用数据的采集、存储、转让效率。

基于区块链的征信交易模式，在技术层面，区块链技术使会员管理、节点管理、智能合约管理、日志管理等各匿名节点之间的数据交换遵循同步；从底层技术架构进行计算和存储，保证了信息主体的隐私权，解决了节点间的信任问题。在信用层的各个参与交易主体进行的数据交易过程中，通过区块链将各个主体的所有信息保留在各节点中，并对业务链上的所有具体的交易信息进行加密存储，这样在保护信息不被泄露的基础上，追溯交易数据的所属权，进一步加强了信息主体的数据安全性。在征信信息交易的过程中，由于公私钥技术的应用，信息可以公平、实时进行数据交换，且私钥由用户自己持有并负责保管，从本质上避免了数据泄露，并且去中心化的征信模型有助于数据共享，有效降低信用风险。

图 8-4　基于区块链的征信管理业务

4. 区块链在票据交易场景中的应用

现阶段金融领域的票据市场面临诸如假票、克隆票层出不穷、划款不够及时等问题。票据到期后，承兑人未能及时地将资金划入持票人的账户，票据掮客、中介众多，使得不透明、高杠杆错配、违规交易等现象出现。区块链技术不可篡改的时间戳和全网公开的特性为票据行业带来突破，能够有效防范传统票据市场"一票多卖""打款背书不同步"等问题，实现票据贴现、背书、再贴现、承兑等数据交易均可追溯，降低了系统中心化带来的运营和操作风险，还能借助数据透明特性促进市场交易价格对资金需求反映的真实性，降低市场风险。

基于区块链技术的票据系统，不同企业在网络体系中占据不同节点，通过建立一套完整的算法来完成承兑环节，生成相应的数据区块。通过记录数据块的时间戳解决信任问题，数字密匙方式又能解决信息安全问题以及企业间流转、贴现、再贴现、转贴现、回购等业务中的要求和限制。通过智能合约和流转的可追溯有效避免了上述风险，票据的到期日写入智能合约，到期时由持票人向承兑行自动发出托收申请。票据业务通过区块链技术搭建的交易环境，在数据上，有效保证了链上数据的真实性、完整性；在治理上，不需要中心化系统或强信用中介做信息交互和认证，而是通过共同的算法解决信任问题；在操作流程上，不仅反映了票据的完整生命周期，而且从发行到兑付的每个环节都可视化，确保票据真实性；在风控上，监管机构可以作为独立的节点参与监控数据发行和流通全过程，实现链上审计，提高监管效率，降低监管成本。

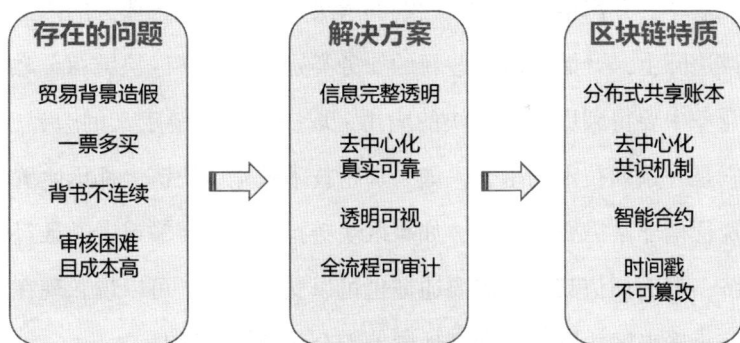

图 8-5　区块链技术与票据融资的结合①

---

① 图片参考董兴荣：《区块链技术在金融领域的八大应用场景》。

（四）总结与展望

区块链技术应用于存证、结算、跨境支付、多方协作等多个领域，呈现百花齐放的局面。目前在技术层面联盟链实现的难度相对较低，公链还面临性能上的瓶颈，DAPP 开发也有很多实际难度。金融领域的数字化程度较高，而实现的逻辑相对简单，最关键的是和价值直接联系，该领域产生的价值最有望覆盖"区块链分布式账本"维持所需的高昂成本，在这方面区块链是利器。

通过解决信息不对称、中介机构的中心化以及"信息孤岛"等问题，区块链可大大提高传统金融业务的广度、深度及效率，并因信息及成本问题的解决，在传统金融业务的内部或边际上，开始出现一些新的业务类别。当然，区块链在金融业务中要得到更好、更快的应用，取决于区块链定义的边界，它是一系列技术的融合，如果加密技术就是区块链，那毋庸置疑征信非常需要区块链，如果区块链指点对点传输或者通证经济，那么征信其实不需要通证也可以做得很好。可以说，现在乃至未来区块链都将深刻地影响着金融业务的演化。

二、区块链+保险

全球保险业已全面进入数字化转型的新时期，保险定价精准化、服务供给定制化、营销渠道场景化、风险管理智能化均有所发展，而区块链技术作为数字化转型的重要组成与保险行业有天然的契合性。保险行业将信任视为核心价值主张和携带信任基因的区块链技术能够自然融合，区块链将成为保险业的重要数字基础设施和信任工具，推动保险行业的转型和革新。

（一）业务现状及痛点

与国外保险行业相比，我国保险行业仍处于行业发展初级阶段，保险行业的发展也存在一些问题。

1. 个人健康与财产的数据安全与共享受限

随着数字化进程的推进，保险业的数据保护和数据共享已成为促进保险业发展的新动力。在数据保护方面，保险企业在承保和理赔的过程中，需要收集并存储投保人与被保险人信息，因此保险企业掌握了大量客户的敏感数据，涉及保单信息、投保身份数据、投保人健康数据等重要个人隐私信息，因此保险企业数据库的安全性将成为保障保险双方信息安全的重要屏障。在数据共享方面，保险企业为了能够充分了解客户的信息，倾向于从医疗、房管、交管等部门获得相关数据，但是各部门间存在数据割裂，产生了"信息孤岛"，加大了保险企业获取数据的难度。同时，保险企业虽然没有主动分享数据的意愿，但是面对不得不分享数据的时候，保险企业倾向于保护电子数据，采用纸质化分享以保护敏感信息，限制了数据的共享，大大降低了数据资源的开发空间。

2. 投保和理赔过程中存在信息不对称问题

保险企业与投保人之间容易存在信息不对称，影响保险产品设计和价格。在保险供给方面，保险企业在核保与承保环节中，需要准客户提供必要信息，该流程主要采用询问告知的方式进行，存在逆向选择和道德风险的问题。逆向选择问题上，准客户为了获得更高的保额或降低保费，会刻意隐瞒对自己不利的消息，加大了保险企业对于真实信息的获取难度，迫使保险企业花费在客户调查上的成本增加的同时，还可能为保险企业带来高额损失。而在道德风险问题上，投保人会放松对保险企业已承保的标的物保护，甚至产生骗保的行为。在保险需求方面，投保人只能被动接受保险合同，对合同条款没有解释权，且在保险的赔付过程中存在不合理拒赔与误导的情况，导致投保人处于被动且与保险企业对立的地位。因此，保险企业和投保人都需要更加公开与透明的信息数据，构建保险行业的信任机制。

3. 保险业务整体运营成本高昂

保险业运营成本削减了保险企业利润，提高了保险费用，不利于保险业健康有序发展。保险业代理人机制导致保险市场重度依赖于中介人或者机构对于信息和资源的整合。对于中介渠道的依赖性将高额中介代理成本累积到了保险费用中，各级分销渠道逐步削减了保险利润，导致保险价格上升的同时，也耗费保险企业大量精力用于渠道管理和资金管理而非用于产品设计，使得保险产品的创新度不足。此外，保险代理人的收入以佣金为主，注重短期效益，往往造成保险企业过度营销、代理人欺骗、保险产品错配等行为，降低了保险业的评价水平。传统保险业从报价到出单各环节都需要人工参与，人工费用逐级累进，加大了保险成本。

4. 保险工作效率有待提升

保险服务各环节均存在执行效率较低的问题。在保险营销过程中，各保险企业以多层级分立管理的模式居多，呈现中心化发展，各分支机构在总部的统一指导下开展经营活动，存在信息层层传递、职能重复等问题，占用了保险企业大量资源，导致资源无效投入。在投保过程中，由于产品设计创新不足，保险产品与险种呈现单一化并且投保人不能参与合同制定，无法实现定制化服务满足投保人特殊需求。在核保过程中，大量审查工作还依赖于人工，耗费大量时间与资源。在理赔过程中，保险企业难以与客户形成有效的直接沟通，导致完成理赔的流程多、时间长，降低了理赔的客户满意度。

（二）区块链技术赋能保险领域

区块链技术能够针对传统保险行业的特点，在保险企业内部改革和保险企业外部链接等方面对保险企业形成支撑，推动保险行业的持续发展。

图 8-6　区块链赋能保险行业

1. 有效数据管理，提高风险识别能力

区块链技术作为加密技术与分布式账本技术的融合，能够以去中心化方式有效地对保险业内数据进行加密存储，在保证数据完整存储和备份的基础上，保证数据的传输和访问安全，以链条式加快数据传播并防止数据被篡改和伪造。同时，区块链技术可以打通保险机构与其他组织之间的数据屏障，实现组织间的数据共享。保险业作为与其他领域关联性较强的行业，相关数据涉及健康医疗机构、车管部门、海关部门等机构，但各机构间数据存在相互隔离的情况，无法实现数据互通互认。而区块链技术能够通过零知识证明和共识算法在无需泄露数据的同时对数据真实性进行验证，实现客户身份、客户健康情况、标的物所有权、标的物维修历史等数据的验证。因此，区块链技术也将有助于保险业识别和防范因信息不对称而产生的风险。通过区块链中的可信数据验证和追溯，可以减少保险企业在核保时与被保险人之间的信息不对称，也可以提高在保险企业承保后，被保险人对标的物的保护意识，减少骗保行为。

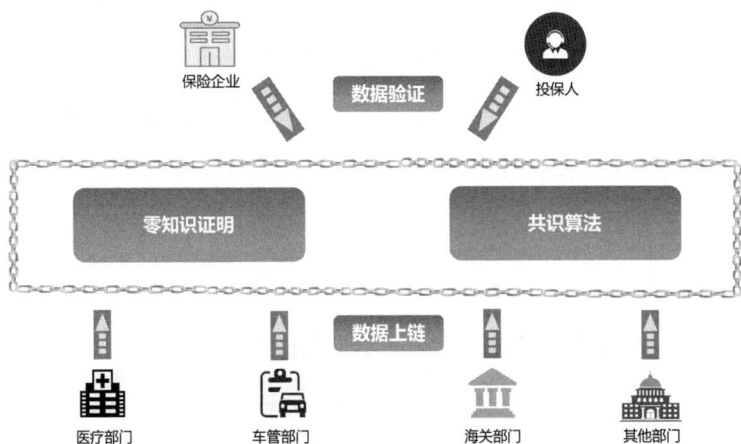

图 8-7　基于区块链的保险行业数据管理

2. 降低运营成本，提升保险运作效率

区块链技术可以减少保险业运营成本，提升客户的满意程度。区块链技术的去中心化和共识机制能够协助保险企业在数据整合的条件下，实现客户线上轻松自助购买，减少线下销售代理人推广与对客户背景进行审核，减少了大量的人力费用并避免了因代理人机制产生的误解。此外，电子化数据减少了对纸质合同管理和数据维护，减少了保险企业的材料成本的同

时，能够实现客户数据后期的自动更新，配以区块链的可信分布式记账，确保数据的可追溯性，能够实现永久性的审计跟踪。同时，采用区块链技术将提升保险企业理赔效率，增强客户满意程度。基于区块链技术，保险理赔流程将呈现出全新模式。传统线下理赔要经历多道认证流程，造成理赔过程较长且容易出现保险双方分歧，而采用区块链技术的理赔凭证，在凭证生成、传递、使用和存储的过程中均能保证真实性，减少了审核环节，简化了理赔流程，提升工作效率。区块链智能合约技术的使用则能够在满足理赔条件时自动触发理赔流程，在公开透明条款的基础上，提升客户获得理赔的时效性和满意程度。

3. 加强产品柔性，提升产品创新能力

区块链技术可以提升保险企业的创新能力，提高保险产品的深度和柔性。基于区块链技术的保险行业，不仅能将保险营销渠道由线下转成线上，更能够通过可信数据管理，为保险企业提供有效的多方信息，保险企业根据这些信息进行数据的深度挖掘，增强对客户的认知能力，服务于产品的开发设计，从而依据客户需求开发更多有效的保险产品，提升产品的演进速度。另外，区块链技术可以通过智能合约、时间戳等技术，实现客户对于保险产品设计的参与，并在时间、空间上实现保险的弹性保障，达到产品定制化和赔付柔性化的服务，可以提升保险企业对资金的配置能力。

（三）区块链在保险领域的应用场景

区块链技术产生的技术信任能够有效应对保险领域内存在的各种问题，优化保险业务，提升工作效率，促进保险业的健康发展。

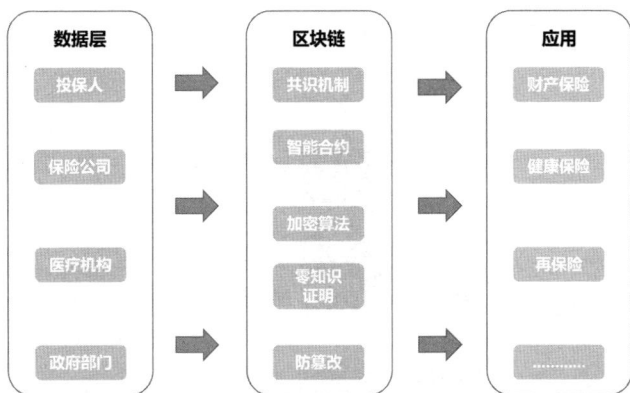

图 8-8　区块链在保险行业应用情况①

1. 区块链在财产保险中的应用

财产保险可保的财产包括物质形态和非物质形态的财产及其有关利益。对于财产保险而言，必要信息和数据的收集将成为承保评估和案件理赔的重点。但是由于保险数据收集过程不仅要人工手动完成，也需要协调客户和不同机构，容易在数据收集各环节出现失误。区块链技术可以将客户的财产以数字化

---

① 图片参考杨东伟主编：《能源区块链探索与实践》，中国电力出版社 2020年版。

的形式保存在链上，通过智能合约技术将理赔条件代码化，当理赔条件触发智能合约，可实现理赔自动化，并将记录在区块链上的信息形成理赔账单。同时，在涉及多赔偿主体和保险企业的财产保险中，区块链的智能合约能在自动理赔的基础上厘清各方应分摊的责任，在提高保险企业后端处理效率的同时提升客户体验感。

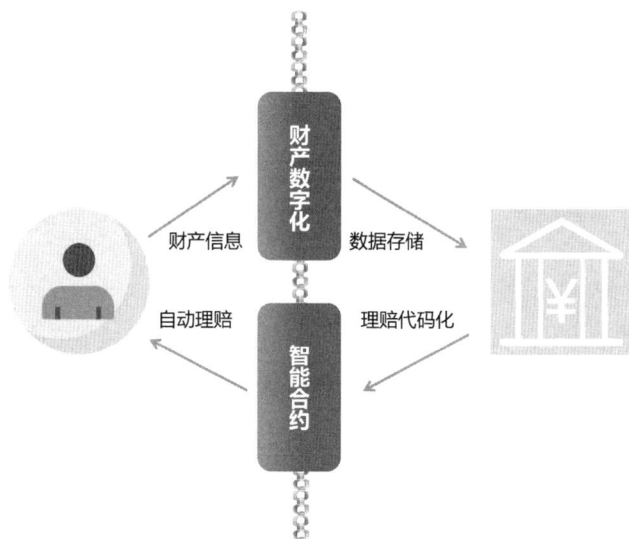

图 8-9　区块链赋能财产保险

2. 区块链在健康险中的应用

在数据分享方面，由于医疗服务行业、保险企业和患者间构成的医疗服务体系处于相对低效的运转状态，由于个人和医疗服务机构对于医疗记录数据的共享极为敏感，所以同一患者在不同医疗机构和保险企业的医疗数据可能存在重复和差异，导致健康险数据的管理费用高昂。运用区块链分布式记账的功能可以在参保人的医疗数据同步更新并难以更改的同时，通过零知识证明实现数据的可信共享，降低逆向选择风险。在核保方面，区块链不可篡改的特性也可以防止医患合谋以虚假信息进行骗保。在理赔方面，区块链技术可以加快保险企业的核实与理赔效率，在被保险人治疗期间获得及时的经济支持，降低被保险人的经济负担。在健康管理服务方面，通过可穿戴设备和区块链技术的结合，实现被保险人的健康信息动态记录，可以提升被保险人疾病预防的能力。

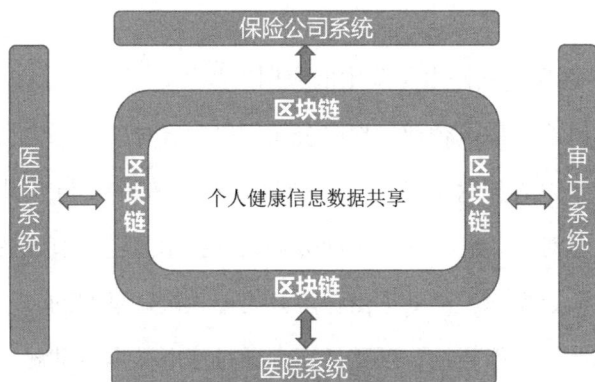

图 8-10　健康信息数据共享系统

3. 区块链在再保险中的应用

再保险与区块链技术的融合，能增加再保险的安全性和高效性。再保险是原保险人通过分保合同将风险和责任分散给再保险人，原保险人和再保险人，按照分保合约规定分担保险责任，原保险人有义务及时分出，再保险人有义务接受，双方都无选择权。同时，原保险人会支付相应的分保手续费给再保险人。

一是区块链技术的应用可以在再保险合同中嵌入数字编码，防止数据删除与篡改，以数字编程为保险进行了信用背书，解决了再保险公司与各方的信息不对称等。二是基于区块链的智能合约实现去中介化的点对点交易，打破传统中介撮合的传统，节约了交易成本。三是区块链技术能够简化处理流程、实现数据有条件共享、减少人工错误，有效提升经营效率。

4. 区块链在停电保险中的应用

通过建立供电企业、保险公司、电力客户、银保监会、政务云、共识服务六个节点，构成区块链。一是参与方共享数据、信息对等。利用区块链的数据共享技术，链上节点各方共享同一个数据库，解决了由保险公司单独决定理赔的弊端。二是自动触发智能合约，理赔便捷。通过停电数据自动触发区块链的智能合约，理赔无须第三方审核，客观、便捷、快速。三是数据可追溯、不可篡改，无纠纷。利用区块链的数据可追溯及不可篡改的技术，避免保险全过程各环节的作弊行为，理赔公平。

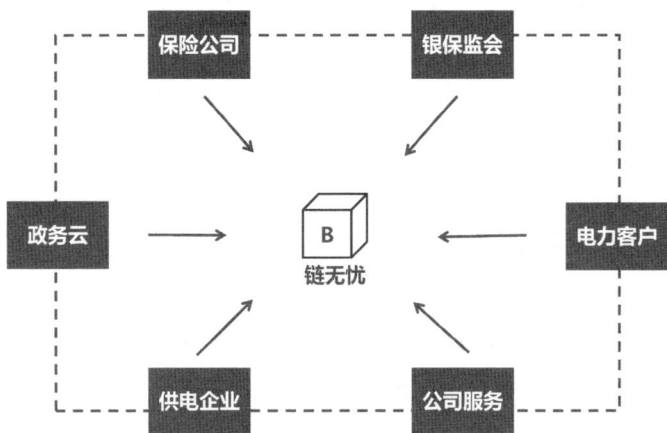

图 8-11　基于区块链的停电保险整体解决思路①

（四）总结与展望

区块链技术的应用使数据的获得更加快捷和准确，大幅简化了保险流程，帮助保险产品进行精准定价，减少核保成本，降低健康保险的赔付率，为即时理赔的实现提供支撑，有效破解了理赔低效问题。同时，区块链将交易数据永久记录，并通过严格控制访问权限来保证数据的安全性和可信性，规避保险欺诈，促进保险行业的发展。随着保险行业数字化进程的深入及区块链数字基础设施的建设，应加快新技术研发，重视科技和行业的互联互通，构建保险行业新业

---

① 图片参考杨东伟主编：《能源区块链探索与实践》，中国电力出版社 2020 年版。

态，建立有效的监管沙盒机制，健全相关法律法规，为区块链在保险领域的应用提供制度保障，推动区块链技术在保险行业健康有序发展。

三、区块链+跨境贸易

根据海关总署数据，2020 年我国货物贸易进出口总值为 32.16 万亿元人民币。其中，出口额占 66.27%，进口额占 33.73%，出口同比增长率高达 40.10%。跨境电商进出口总额达 1.69 万亿元，同比增长了 31.1%。跨境电商作为跨境贸易数字化的前沿阵地，成为区块链技术与跨境贸易融合的重点领域，促进了我国的跨境贸易发展。

（一）业务现状及痛点

数据和信息是贯穿跨境贸易特别是跨境电子商务业务的重要要素，打通数据流在推动跨境贸易有着至关重要的地位。具体业务现状及特点总结如下：

1. 贸易流程复杂导致数据孤岛与信任缺乏问题

跨境贸易中，因为数据来自不同的业务环节且各环节参与方不同，所以导致数据具有数据产源多、数据零散、数据流复杂、数据机密性高等特点。跨境贸易参与各方出于对信息安全及商业利益的考虑，对于数据的分享意愿低。同时，由于数据的技术标准和规范没有统一，在多次传递之后容易形成数据失真，也加大了数据共享的难度和可信程度。可信度下降将导致不同流程和参与方之间的协同效率低下。

2. 融资主体间隐私保护问题

在基于跨境电商的贸易融资和供应链金融业务中，商品流动、资金流动和数据流动都涉及两个及以上主体，这些主体存在于不同的国家和地区。供应链上的任一主体都对自身的数据拥有控制权，出于对商业机密的保护，各主体都会尽量减少与其他主体的信息共享互通。如何解决各主体间的隐私保护问题将是区块链面临的一个挑战。另外，由于不同主体间具有多样性和非规律性，因此局部协议和联盟的方案也成为区块链面临的另一挑战。

3. 跨境支付方式问题

跨境支付主要包含银行付汇、信用证支付、专业汇款公司、国际信用卡支付、第三方支付这五种模式，各模式均需要多个交易主体相互协调，以层级代理的方式进行结算。每笔交易都需要在层级的代理银行间取得授信，代理银行需要收取高昂的手续费用。同时，各交易主体还需要独立记账并在不同货币间不断转换，呈现出效率较低、周期较长、成本较高的问题。

4. 贸易产品的质量与物流追溯问题

跨境贸易中由于物流距离较长，需要经历境内物流、出境清关、国际物流、入境清关、商检报税、目的国物流等环节，由于涉及主体、法律法规不同，导致运输过程中信息互通性下降，存在信息套用、防伪信息造假等现象。同时，报关和清关的环节也加大了跨境物流的不可控性。经过各环节的积累，国际物流的运输时间较长且费用较高。另外，由于运输环节复杂，在途货物的状态信息无法被实时获取，当商品遇到损减时，界定责任方的难度加大，进而导致退换货的难度加大。

（二）区块链技术赋能跨境贸易领域

面对跨境电商中遇到的各种问题，区块链技术能够有效地通过分布式记账、防篡改、可追溯等特性有效解决跨境贸易的数据共享问题并在参与各方中建立信任机制，进而赋能跨境贸易。

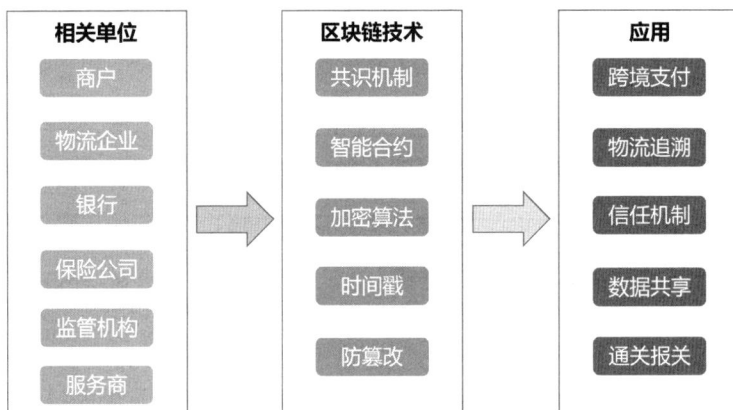

相关单位	区块链技术	应用
商户	共识机制	跨境支付
物流企业	智能合约	物流追溯
银行	加密算法	信任机制
保险公司	时间戳	数据共享
监管机构	防篡改	通关报关
服务商		

图 8-12　区块链技术赋能跨境贸易

1. 跨境贸易的数据共享

通过区块链分布式记账和存储建立跨境贸易各参与方之间的信任关系，以各层级网络和跨层级通路的建立，使跨境贸易业务数据能够在网络账本中实现同步并达成共识，进而实现数据在不同参与主体和不同系统间的流动，推动业务高效协同。在跨境贸易中，通过区块链技术能够为各参与者提供身份证明，以身份真实性提升数据来源的可信程度，并将数据进行加密处理，实现出口国机构、承运人、保险公司、进口国机构的数据加密共享，为各方及时获得有效数据提供便利。同时，使用区块链技术可以使同一笔业务的数据进行交叉验证，实现多方数据的比对，将物流、资金流、信息流进行对比加强数据的可信程度。介于此，各环节参与方可以根据所获取的数据以特定的业务逻辑推动业务流程的运行，或者通知各参与方及时参与推动业务流程。另外，将智能合约嵌入区域性或国际性区块链网络，通过账本中存储的数据和状态的更新触发智能合约，从而推动业务的自动运行，加强效率。其整体解决思路如图8-13所示。

2. 跨境贸易的信任机制构建

区块链能够改变传统跨境贸易中的组织协作模式。通过区块链的去中心化、共识机制等特性可以减弱跨境贸易的中心化节点控制能力，各节点都可以平等参与。以区块链技术加强信

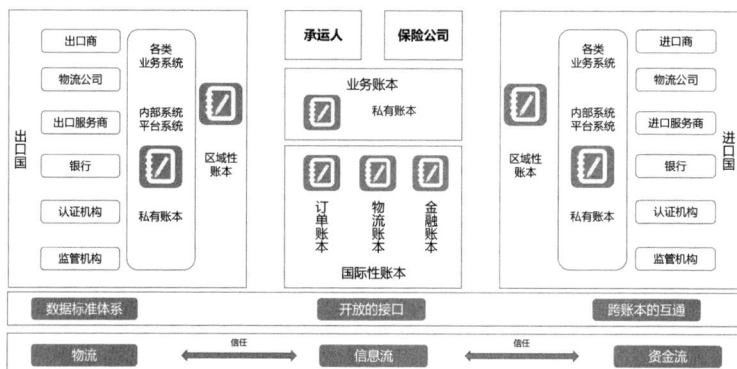

图 8-13 跨境电商业务及流程①

任机制的传导，各节点能够自发地共同维护整个区块链系统信息的安全，降低交易成本。跨境贸易中，各参与方都能成为参与区块链系统的节点，各节点通过区块链的非对称加密技术能够实现数据安全和个人隐私保护，利用哈希算法和数字签名保证交易数据不能篡改，促进各方信息交流，链上数据对各参与节点开放。在跨境贸易中采用区块链技术，还能够在加强分布式数据库安全性的同时，将基于区块链系统的可信记录和可信合约相结合，缓解交易各方的信任困境，以区块链技术促进跨境贸易流程优化和业务模式创新，从而推动经济模式的创新。

---

① 图片参考杨东伟主编：《能源区块链探索与实践》，中国电力出版社 2020年版。

（三）区块链在跨境贸易领域的应用场景

区块链技术的防篡改、可追溯、分布式记账等特点结合共识机制和智能合约有效保护跨境交易数据安全的同时，能够提升跨境支付、快速通关、防伪溯源等方面的效率，提升跨境贸易各环节的信任程度和工作效率。

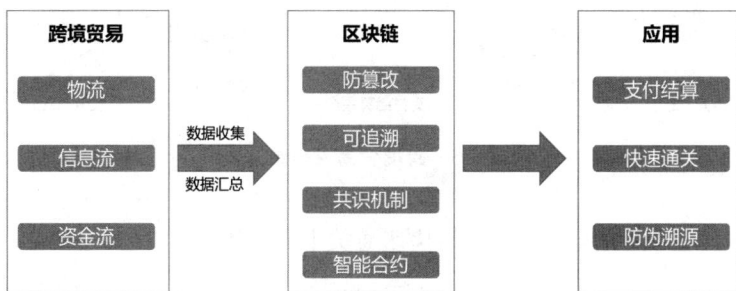

图 8-14　区块链在跨境贸易领域的应用场景

1. 区块链在跨境支付结算中的应用

跨境支付结算涉及消费者、商家、支付公司、中转银行、清算组织等机构，跨境支付从消费者发起，由支付公司向合作银行进行购汇，根据交易规则，支付公司根据消费者和商家对交易的反馈信息进行清算，完成跨境结算。结算过程相对烦琐，导致成本较高，效率较低，但区块链的去中心化、不可篡改等特性，能够有效为跨境支付结算提供发展新动能。基于区块链的跨境支付结算，通过消除层级代理结构来建立可信的交易体系，以点对点传输技术减少第三方机构的中间环节，有效降低隐形成本。同时，在跨境交易中，基于区块链系统，电商平台能够有效将交易的每个步骤形成的独立链式传输网进行串联，当消费者发送确认结算的信息后，系统将自动形成数字时间戳，将所有信息通过节点记录在区块之中。

图 8-15　跨境贸易支付结算①

2. 区块链在跨境贸易快速通关中的应用

交易、报关、税务、银行、物流、监管等操作中，不同主体按照区块链的统一数据规范提交货物信息并进行存证，通过区块链系统将货物信息进行对比和交叉验证，确认信息情况，达成通关数据的快速确认与认证。基于区块链系统生成的跨境通关可以促进跨节点、跨部门、跨行业的数据可信流动和传递，监管机构根据区块链系统产生数据的特性快速放行，提高了跨境通关的效率。

---

① 图片参考杨东伟主编：《能源区块链探索与实践》，中国电力出版社 2020年版。

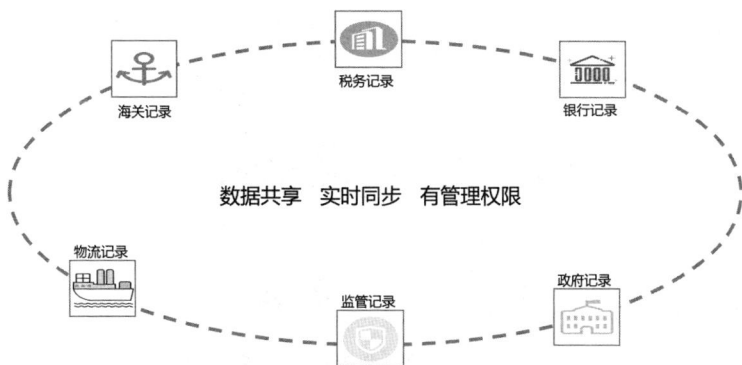

海关记录 税务记录 银行记录

数据共享 实时同步 有管理权限

物流记录 监管记录 政府记录

图 8-16 跨境电商快速通关体系①

3. 区块链在跨境贸易防伪溯源中的应用

跨境贸易中，全链条的产品状态和信息都以数据的形式在区块链共享账本中进行存储，加盖上时间戳的数据具有不可篡改性。跨境贸易的全流程防伪溯源体系如图 8-17 所示，跨境贸易业务的生产数据、物流数据、仓储数据、销售数据等全部流程数据保存在区块链系统中，实现生产溯源、物流溯源、仓储溯源、销售溯源和消费溯源。跨境贸易的溯源体系能够满足相关企业、平台管理人员、消费者和监管部门的溯源要求，实现跨境贸易业务的全流程防伪溯源信息管理。

---

① 图片参考杨东伟主编：《能源区块链探索与实践》，中国电力出版社 2020 年版。

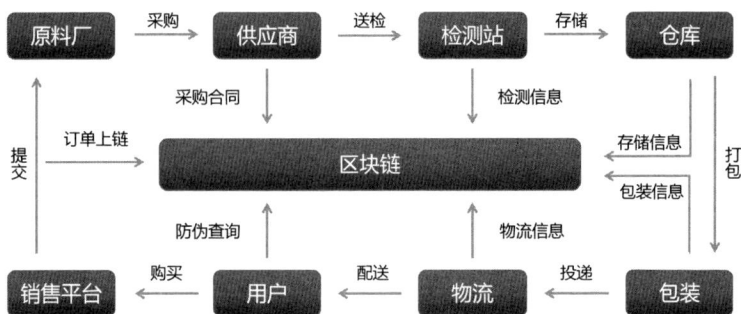

图 8-17　跨境业务全流程防伪溯源体系

（四）总结与展望

区块链是服务"一带一路"倡议的数字基础设施，更是创造全球自由、公平、诚信贸易的数字技术。区块链技术应用到跨境贸易中，特别是跨境电商领域，实现各方主体数据上链存证，建立信任机制，打破"数据孤岛"，可实现数据互通共享，推动供应链高效协同，实现多利益主体合作共赢的跨境贸易生态，优化跨境业务营商环境。区块链应用于全球跨境贸易领域，贸易企业、物流企业获得金融机构与监管各方的信任，既是金融机构的确权平台、风控平台、科技金融创新平台的需要，更是助力金融机构从科技金融走向金融科技的创新路径。

四、区块链+政务

电子政务是指政府机构在其管理和服务职能中运用现代信息技术变革传统工作模式，打破行政机关时间、空间和部门分割的制约，强化政府与政府、政府与企业及政府与公众之间的信息沟通与互动，实现政府组织结构和工作流程的重组优化，建立公正透明、高效廉洁的政府运作模式。2018 年 7 月 31 日，国务院出台《关于加快推进全国一体化在线政务服务平台建设的指导意见》指出，要在 2022 年底前，全面建成全国一体化在线政务服务平台，实现"一网办"。2021 年两会政府工作报告指出，加强数字政府建设，建立健全政务数据共享协调机制，推动电子证照扩大应用领域和全国互通互认，实现更多政务事项网上办、掌上办、一次办。政务领域是区块链最先落地、最广应用的场景，从行政审批、电子票据、司法存证到公益扶贫等，区块链独特的信任机制是在很多政务场景得以采用的关键所在。

数据是数字经济时代重要的生产要素，我国政务信息化建设至今已经积累庞大的政务数据，厘清数据隐私和安全共享的边界，是推进政府数据共享、释放数据要素潜力需要突破的瓶颈。区块链依靠其开放性、自治性、隐私性等技术特征，可在较细颗粒度上构建政务数据分类共享体系，实现不同类型数据的依权分类共享，打通不同行业、地域监管机构间的信息壁垒，实现公共服务多元化、政府治理透明化、城市管理精细化。

（一）业务现状及痛点

电子政务是国家信息化建设的重要内容，通过深化电子政务应用，解决信息碎片化、应用条块化、服务割裂化等问题，以信息化推进国家治理体系和治理能力现代化，以政府信息化带动社会信息化，以社会信息化带动国家工业化。传统电子政务利用"互联网+"技术对政府服务进行信息化改造，将政府的公共服务职能电子化、网络化、数字化，优化日常办公与公共管理服务，促进便民利民，实现行政工作流程简化与效率提升。但传统电子政务仅仅将办公系统互联网化，未进行智能化，仍然广泛存在信息不透明、办事入口不全面、办事手续繁杂、修改更新难等问题。总的来说，主要存在以下四个方面的痛点：

1. 政务部门数据共享难

政府政务数据存在数据量大、增长快速、数据异构等相关特点，且不同领域、不同数据由不同级别、不同部门进行保存并管控，如需调阅需要进行层层审批，数据可信共享困难，信息孤岛情况严重，极大程度降低相关工作效率，因此部门间数据共享需求迫切。

2. 政务数据泄露风险大

政务数据涉及大量公民及企业的隐私信息，数据集中、来源广泛，需要进行严格管控，但可能存在内部管理人员多方串通将系统中的某些数据篡改、泄露，或不法分子通过攻击政务系统获取数据等情况，将对个人隐私、数据可信、政府形象等造成严重影响。

3. 政务服务权责不清晰

政务服务处理经常需要多个部门互相合作、彼此协同，目前各部门间经常存在部分权力不清晰、责任不明确的情况，导致审批、通过等权限不明确，如果数据在利用过程中出现问题，数据使用方与数据提供方往往互相推诿，因此迫切需要明确的数据归属权、使用权等。

4. 政务业务流程较烦琐

由于缺少统一协调的数据开放平台，各地区居民在办理业务时遇到了入口过多、登记审批流程烦琐、业务平台不同步不完善、政务信息不准确不公开等问题，需要准备多项复杂的手续材料，并在多个部门间来回办理、反复提交、层层审批，时间成本与路程成本高昂。

（二）区块链技术赋能政务领域

1. 打通政务数据孤岛

利用区块链技术建立非人为控制的信任系统，通过分布式节点共识算法来生成和更新数据，在区块链与政务深度融合过程中，打破数据归属权、管理权和使用权难界定的问题，实现各地区、各部门之间以信任和共识为基础的数据流通。利用区块链数据存储方式，为链接链上的参与各方建立数据交易的信任基础，在政务数据共享过程中，实现数据确权、安全加密、多方安全计算，维护跨部门、跨地区、跨层级合作，简化企业、群众业务办理流程，提升政府政务效率，增强政府公信力。利用区块链具有的不可篡改、可溯源等特性，实现链上政务数据生成、存储、使用和更新的全程留痕，保障数据安全。

2. 简化政务审批流程

将个人身份信息录入区块链系统，利用区块链去中心化信任机制，进行个人身份验证，并结合人脸识别、指纹识别等生物识别技术进行个人信息完善，保证信息真实性。将系统审批资料电子化，利用智能合约技术将审批条件写入合约，符合审批条件则直接触发合约进行自动审批，若不符合审批条件则返回用户进行数据补充，直到条件补充完整后再进行审批。利用区块链平台进行政务审批将减少人为参与审批流程可能出现的操作失误，进一步保证审批流程的可靠性，且审批后的文件作为电子档案直接存入区块链数据库，极大简化审批流程、提高审批效率，可实现跨部门跨城市政务审批，实现各机构的横向联动。

3. 推进政务信息公开

随着政府向服务型政府转型以及信息资源的经济价值和社会价值被社会所重视，政务信息公开成为必然要求，政府将其管理过程以及所产生的信息公开给民众查阅利用，可以有效增强公民对政府的信任程度。政府信息公开的关键是保证信息的完整、可靠，区块链所特有的以时间戳为顺序的链式结构可以真实、完整地将所有数据按照时间顺序进行存储，可以有效降低政务数据收集成本，区块链系统中的每一次操作都有迹可循，可以追溯审批流程并明确相关责任人，从而更易于举证与追责。区块链技术给政务信息公开提供更便捷的数据收集方法，保证了信息的真实完整性，不仅能够满足公众的知情权，还可以实现对政府的监督。

4. 实现社会信用监管

政府越来越重视我国社会信用体系的建设，由于我国社会信用体系建立起步较晚，规则不健全，监督不全面，许多企业和个人出现失信行为，对市场经济环境和社会环境产生不同程度的影响。区块链技术以其特有的共识机制以及不可篡改性可以对商业交易、生产流程、个人信用等多方面进行监管。每个组织或个人都可以被看作一个信用资源的拥有者，当他们在政府构建的区块链平台上进行商业交易和社会活动时，都会将数据写入系统中并进行全网实时更新，相关内容不可篡改。如此，个人或企业在活动过程中都会受到来自整个社会的监督，当这种监督体系建成后，信用资源拥有者都将会非常珍惜自己的信用评级，实现信用监管。

（三）区块链在政务领域的应用场景

随着区块链技术水平的不断发展，区块链技术在政务工作中拥有十分巨大的应用潜力并且呈现了十分明显的应用效果。区块链技术可有效解决政务服务中存在的问题与挑战，促使政府为社会提供更优质的公共服务，目前主要应用场景包括电子证照、电子票据、司法存证、信用监管、行政审批、产权登记、便民服务等。

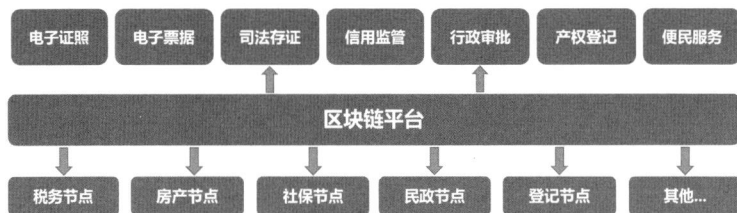

图 8-18　区块链在政务领域的应用场景

1. 电子证照

由于各地方各部门在证照管理中的信息不通，导致政府部门间信息难以全面归集、难以快速检索，信息泄露安全隐患大、跨部门政务数据不可信，且居民在办理时存在纸质材料繁多、办理流程复杂等问题。通过区块链技术建立多方参与的联盟链网络体系，将公安局、工商局、税务局、监管局等相关部门监管数据上链，打通各方身份和数据校验通道，在跨部门、跨区域、跨行业公共服务事项上实现信息可信共享。通过区块链非对称加密方式，各部门公钥加密上传、私钥解密使用，消除电子证照使用过程中的安全隐患。

电子证照管理通过与公安机关、工商局、税务局、监管局等建立网络联盟链，通过跨部门、跨区域、跨行业公共服务事项的信息可信共享，推动电子证照、电子资料、电子档案、电子签章等跨层级、跨部门、跨区域共享互认，打造一个由多方参与鉴证的可信任环境，形成可信存证体系与跨区域电子证照核验体系，确保电子证照生成、管理与应用全过程可信，结合人脸识别技术实现电子证照刷脸调取，打造验证、发证、管证等电子证照全链条共享模式，为电子证照库的数据安全、授权应用、跨区域互认提供全过程的基础技术支撑，让电子证照信息全生命周期的管理和应用行为都更加可信、安全、放心，实现行政事项全程网办。

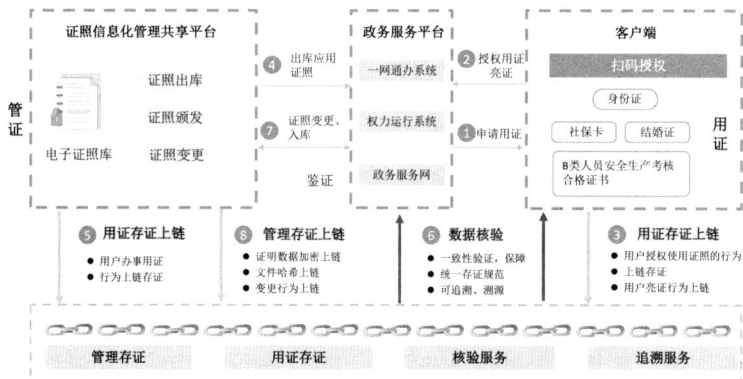

图 8-19　区块链在电子证照中的应用场景①

2. 电子票据

传统电子发票在各部门间存在数据不通、监管困难等现象，保税人存在一票多报、虚抵虚报、纸质化报销、多部门报销等问题。利用区块链技术的不可篡改、信任传递优势，将电子发票业务流程上链管理，实现将"资金流、发票流"二流合一，将发票开具与线上支付相结合，打通了发票申领、开票、报销、报税全流程。做到税务机关各环节可追溯、业务运行去中心化、纳税办理线上化、报销流转无纸化。"区块链+电子票据"是区块链应用的重点落地项目之一，利用区块链技术实现电子发票的不可作伪、按需开票、全程监控、数据

---

① 图片参考：《赵磊谈区块链在政务中的应用》，见 http://www.chnews.netlar-ticlel201912/527090.html。

可溯，有效解决发票造假问题，真正实现交易即开票，开票即报销。

将税务机关、开票企业、纳税人等涉及方组成联盟机构，打通各方的身份和数据校验通道，实现链上报销、链上验证，并逐步向社保费征收、税务数字档案共享、不动产税务征收和大企业应用等场景拓展。通过密码学保证只有税务局才能发行发票，所有发票都上传至不可篡改的区块链分布式账本上，有效确保票据真实性，把发票流转的全流程信息加密上链，提高了电子发票系统的安全性，降低了监管机构和企业的成本，简化了消费者开票报销流程。

电子发票开具入账报销全流程上链应用场景

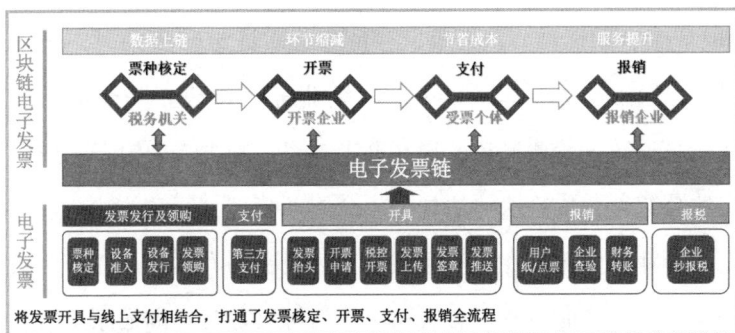

图 8-20　区块链在电子票据中的应用场景①

---

① 图片参考：瑞宏网，国盛证券研究所。

3. 司法存证

由于司法诉讼流程中各方信息不互通，在证明证据真实性、校验证据合法性、多方打通司法内容、关键证据、验证身份等方面存在着效率低、不可信的问题，导致司法不公、司法公信力低现象突出。通过区块链技术实现公证机关、公安机关、仲裁机构、律所、企业等主体出具的证书或文件在链上验证，打通各方的身份和数据校验通道，实现证据固定+裁决过程+法律文书+电子送达等内容的一站式上链，可实时保全的电子数据通过智能合约形成证据链，满足证据真实性、合法性、关联性的要求。

区块链作为一种去中心化的数据库，将有效解决司法领域"取证难、示证难、认证难、存证难、质证难"等问题，公证机关、公安机关、律师事务所、企业等通过建立联盟链的方式，打通数据校验通道，提高办事效率、减少人力浪费、增强司法公正性，实现法律法规全生命周期管理、行政执法全过程记录等业务应用。在司法领域中，区块链最大的优势在于信息安全可信、实时可查，各级司法部门可以随时查询最原始的物证信息、审理流程及审理结果，提高案件的审判效率，保证司法公平公正。

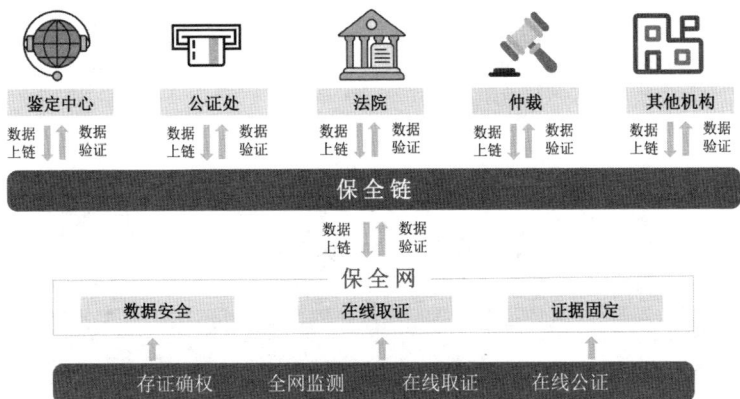

图 8-21　区块链在电子存证中的应用场景①

4. 信用监管

利用区块链可信机制，与实名认证、电子签名、电子签章等技术和标准相结合，规范信用数据的采集、归集、共享、使用及管理，加强对信用评级、信用记录、风险预警、违法失信行为等信息的披露和共享使用，完善"事前承诺、事中监督、事后惩戒"监管体系。基于区块链技术，促进市场监管、商务、海关、交通运输、生态环境、住房城乡建设、金融等部门和机构之间公共数据资源的互联共享，实现从单点的复式记账法过渡为多点的分布式记账模式，该记账模式有利于构建可信数据库，金融、食品药品、慈善等多领域凡是涉及数据存储和更新都可以通过区块链技术实现对该领域数据全流域管理，有利于政府高效、全面和立体化监管各行业数据信息。

---

① 图片参考：《区块链司法存证应用报告》。

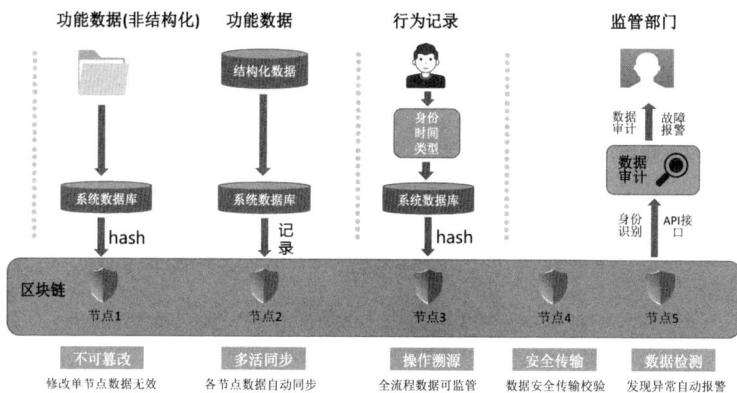

图 8-22 区块链在信用监管中的应用场景①

(四) 总结与展望

政府作为社会发展的管理者、推动者，其积累的大量数据是社会高速发展和实体经济发展的助力力量，以不动产数据等为核心的生产资料具有潜在的开发价值。然而，目前广泛存在的政府各部门间共享数据难、多部门协作权责不清晰、传统数据库存在被篡改和盗用的安全风险、技术更新速度跟不上数据增长速度等问题，造成共享不广泛、数据应用难、监管存在漏洞、居民办事麻烦等现象。基于实时备份更新、不可随意篡改、分布式账本数据库等特性，区块链技术能够被应用在公共事务服务场景中，从技术上解决政府数据共享问题，实现部门

---

① 图片参考：《区块链打造监管新模式》。

间数据实时共享、用户少跑路甚至不跑路，促进政府工作公开透明和政务系统协同共享。

区块链在政务领域多方合作的场景中发挥作用，未来区块链应用将由单技术应用转向深度融合云计算、大数据、人工智能、物联网、5G 等新一代信息技术，相辅相成建设区块链政务应用。在传统政务模式向智慧、数字政务模式转型过程中，实现服务模式、服务品质、服务生态的多重升级，助力建设可信社会，探索社会治理新模式。区块链技术与各行各业加快融合，从"互联网+"到未来的"区块链+"，区块链赋能政务建设，提升政务服务水平，推动应用落地的集成化、智能化和智慧化。

第九章　促进民生智能安全

"治国有常，而利民为本。"2021 年中央经济工作会议提出"社会政策要兜住兜牢民生底线"，这一明确要求是人民至上的生动写照，是中国经济稳中求进的温暖底色。习近平总书记多次强调"让老百姓过上好日子是我们一切工作的出发点和落脚点"，经过数十年发展，我国综合国力显著提升、人民生活明显改善，但发展不平衡不充分、信用传递难等现象也客观存在。区块链技术作为新一代信息技术的巨大变革，引起了全社会的关注，其去中心化、无法篡改等技术特征，更是为解决民生服务领域的信任、价值、协作等问题带来了新思路。本章节选取医疗、慈善、食品安全、乡村振兴四个典型领域，通过介绍各领域行业现状及痛点，结合区块链技术特点，详细阐述区块链在赋能民生领域智能安全与创新发展中的应用探索，助力实现共同富裕。

一、区块链+医疗

2021 年 6 月，国务院常务会议部署以深化体制改革为群众提供优质便利的服务，同时为进一步推进医疗体系改革，满足群众多层次多样化健康需求为目的，构建"大数据+医疗"体系。至此，医疗健康领域进入大数据时代。但由于目前医疗数据由各参与方独立掌握，数据孤岛化明显且各方主体信息常有较高重复性及不对称性，这种中心化数据存储不仅造成数据无法有效共享，对于数据流转或外泄也无法进行追踪定责。

2020 年 10 月 12 日，国家卫健委发布《关于加强全民健康信息标准化体系建设的意见》，鼓励医疗卫生机构在确保安全的前提下，积极探索区块链技术在医疗联合体、个人健康档案、电子处方、药品管理、医疗保险等方面的应用，构建全民健康信息标准化体系，从而加快医疗体制改革，促进健康中国战略实施。

通过构建中国特色社会主义链，利用区块链自身分布式账本信息共享、限权隐私访问等特性，实现医疗领域的数据安全访问、透明共享，可以有效支撑医疗数据信息化大数据管理，打破医疗行业内部、医疗上下游机构及政府监管部门之间的信息数据孤岛，破解医改难题，实现医疗行业上下游数据共享，完善国民健康促进政策，构建全方位、全生命周期医疗健康服务体验。

（一）业务现状及痛点

自 2016 年党中央、国务院发布实施《"健康中国 2030"规划纲要》，"健康中国"逐步上升为国家战略，随着整体战略的推进，传统医疗数据中心化存储方式带来的数据泄露、篡改以及各医疗主体间信息封闭的问题逐渐成为人们关心的重点话题之一。随着当前计算机、通信技术的强力支撑，数字医疗高速发展，逐步迈入大数据时代，但由于目前医疗及上下游相关数据的分散式产生，数据孤岛化明显且缺乏标准体系，数据安全难以保障，数据确权边界模糊，而随着医疗大健康领域的发展，医院、医疗机构大量医疗数据的产生，整体监管难度逐步提升，中心化存储模式带来的数据易篡改、易泄露等问题亟待解决。

1. 信息闭锁，医疗数据无法共享

现有的医疗体制背景下，由于各医疗机构的医疗数据不共享、在线诊疗数据无法流转等问题，导致患者个人健康档案分散在不同医疗机构，有效整合以及可信共享难以实现，且由于各机构信息系统互操作性差，医疗案例流通不畅，无法支持医学研究及精准医疗的开展。

2. 欺诈滥用，医疗保险费用虚报

由于当下医疗保险公司与医疗机构之间存在较大信息断

层，患者医疗信息掌握在医院手中，大量关键信息保险公司无法直接获取，需要向患者索取各类相关支撑证明，这不仅涉及诊疗信息伪造问题，患者隐私数据的泄露也在所难免，当有医保欺诈或数据泄露等事件发生后也难以定责或进行责任追溯。

3. 中心存储，隐私数据泄露泛滥

就现代信息化技术而言，现有中心化医疗记录存储系统已经不能满足患者数据保存要求，且随着当前线上诊疗、个人健康检测设备的发展，个人医疗健康数据不是仅由医疗保健系统掌握，而是分布于不同企业与系统之间，随着市场出现的内部失误、互联网商业行为及网络攻击等原因使得信息泄露更为普遍。

4. 流程封闭，医疗用品溯源无望

2020 年新型冠状病毒肺炎疫情暴发，医疗用品严重关乎人民群众的生命财产安全，但由于其生产流程不透明、供应链信息无法追踪、销售渠道混乱等问题，不法分子趁机利用微信、网页等渠道进行医疗用品的售卖，高额的利润回报及"假货"无法溯源使不法分子肆无忌惮，据最高检统计，疫情期间涉疫情犯罪案件数量超过总案件 50%，逐步成为无法根治的问题。

5. 信任缺乏，医患纠纷层出不穷

随着医疗改革进程的推进，医疗诊治病历逐步从纸质病历

转向为电子病历，通过对医疗服务记录的数字化，能够一定程度上实现对病历的有效记录，但由于病历记录是由各医疗机构中心化存储，部分诊疗机构缺乏科学有效方式确保病历真实性，且对于患者完成诊疗后几乎缺失对自身医疗流程、开销以及记录的追溯能力，这些现象长期存在于医生、患者之间，医患纠纷越发严重。

6. 监管缺失，医疗废物黑色倒卖

中国整体医疗废物处理发展起步较晚，尤其是在医疗废物处理管理体系上，自国务院 2003 年出台《医疗废物管理条例》后，分类回收、集中处置等工作的规范及标准修订仍在进行中，医疗组织对于医疗废物管理也多利用书面登记或直接交由外包公司处理，缺乏监管且容易出现流程断节，直接导致医疗废物回收形成黑色产业链，造成废物处理过程中产生内容泄露，流入社会。

（二）区块链技术赋能医疗领域

在推进我国现代化的进程中，医疗保健事业不仅是服务行业的重要组成，同时也是其他各个生产部门发展的重要先决条件。随着人民群众对于健康愈加重视，他们对于更好的医疗保健措施的需求也在逐步提升。为解决当前医疗行业发展过程中的实际问题，利用区块链技术，围绕医疗业务发展需求，建设基于区块链的医疗数据共享平台，如图 9-1 所示。通过构建贯通医疗用户、医疗机构、政府监管机构、健康检测企业、物流仓储企业、制药企业等多主体数据平台，整合医疗上下游产业链上信息资源，将患者身份数据、健康监测数据、就诊数据、医保信息数据、医疗用品流转数据等业务需求数据全流程上链，实现患者端、医疗机构端、医保产业端以及政府监管端多环节数据融通共享，建成集"精准+智慧+合规"多位一体的医疗服务体系。

面向医疗机构联盟，通过提供机构入驻体系，实现链上患者全生命周期信息支撑，为提供精准医疗构建基础数据平台；面向患者个人，提供高隐私医疗数据共享、数据查询、信息追溯等服务；面向政府部门及相关机构，提供可靠的数据支撑，对开展行业监管，促进行业内部上下游营商环境优化、生态健康发展提供支撑。

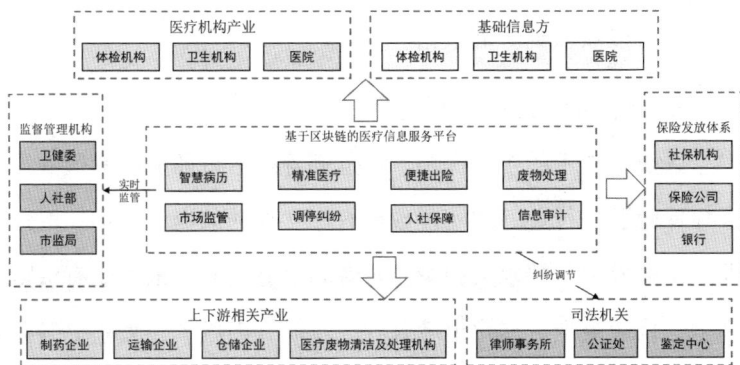

图9-1 基于区块链的医疗信息服务平台整体架构图

1. 打破数据孤岛构建精准医疗

构建精准医疗服务能力，应用区块链技术，实现各医疗系统间数据的互操作与共享的同时将各来源的健康数据进行整合，在保证患者健康数据的互操作、隐私、所有权和安全的前提下，联通不同医疗机构数据信息，实现个性化数据交换的无缝衔接，能够有效打破不同医疗健康数据源系统之间的孤岛，更好地支持医学案例共享与精准医疗的开展。

2. 链上医疗数据汇集及智能分发

利用区块链加密及去中心化的技术特征，实现对用户隐私医疗信息的保护，通过对医疗健康数据的访问权限开展有效控制，强行执行权限设置，实现各节点均拥有加密数据权力的前提下，由用户决定医疗信息的有效公开范围，即使信息公开，也可实现用户医疗隐私数据的保护及按需分发，使链上医疗相关节点可以获取到所需数据。

3. 智能合约支撑医保结算

区块链技术的永久保存、可追溯等技术特征能够有效支撑医疗保险服务行业，在实现数据有序共享的前提下，加速医疗保险出险效率，并永久记录参与者间所有交易，依托既有保险规则，构建链上智能化出险合约，降低管理成本，大幅提升业务效率，降低业务风险。

4. 对信息共享实现实时监管

利用联盟链间各节点信息共享的技术特征，打破医疗行业上下游信息系统建设封闭、独立的现状，根据区块链分布式特性实现任意节点数据对全局可见、可追溯，无须单独节点数据上报、跨组织数据交换或系统集成，通过构建数据流转机制，引入卫健委、人社部、市监局等政府监管部门作为链上监管节点，实现对全局数据及事件的监控、追溯及审计。

（三）区块链在医疗领域的应用场景

区块链技术作为一种分布式、去中心化、不可篡改的数据库，在助力医疗共享方面具有较大优势。当前国内外学者均探索并提出了一些针对医疗数据共享难题的解决方案，并在医疗数据治理、电子病历共享、医保实时结算、医疗用品溯源等领域实现落地，总体应用场景如图9-2所示。

1. 区块链在医疗数据治理中的应用

现阶段医疗数据存在保存分散、信息孤立等问题，同时由于医疗系统由不同软件商开发，数据割裂，检查重复、过度问诊、信息不对称等问题严重，面临数据信息易被泄露等风险。而医疗行业电子病历、联网医疗器械、可穿戴设备和基因测试的流行，更多的个人健康信息被接入网络，严重泄露个人隐私，医疗健康领域的特点需要用户公开自己个人信息才能有效

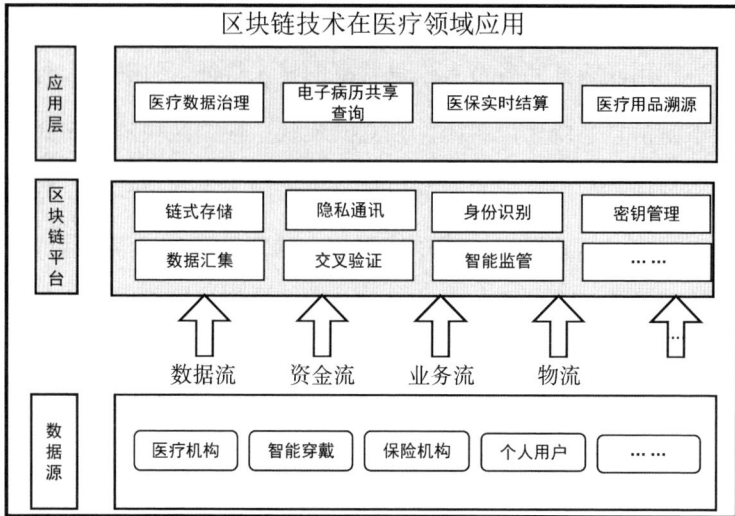

图 9-2　区块链技术在医疗领域的应用

解决就医问题。利用区块链非对称加密存储和去中心化分布式
共享的技术能够很好迎合用户隐私保护的需求以及医疗数据共
享的需要，实现在数据信息公开给医院的同时能做有效的匿名
处理。在医疗数据治理全业务流程中（如图 9-3 所示），当患
者通过外部健康检测在线问诊、健康穿戴设备等产生基础健康
信息时，通过区块链技术进行固化，在前往医疗机构就诊时，
经患者赋权，医疗机构可获取健康记录支撑诊疗开展，同时通
过将全流程就诊信息上链固化，能够实现不同医疗健康机构之
间的数据共享，由区块链平台连接患者、医院、健康检测机
构，实现从数据产生、共享、导出全流程数据流通，在发生数
据泄露或医疗事故纠纷时也可通过链上数据溯源有效对外泄信

息进行溯源追责，应用区块链技术实现对患者的医疗信息以时间戳标识存储于链上区块，通过链式结构实现对数据的保真、溯源，进而有效实现医疗数据流通及治理。

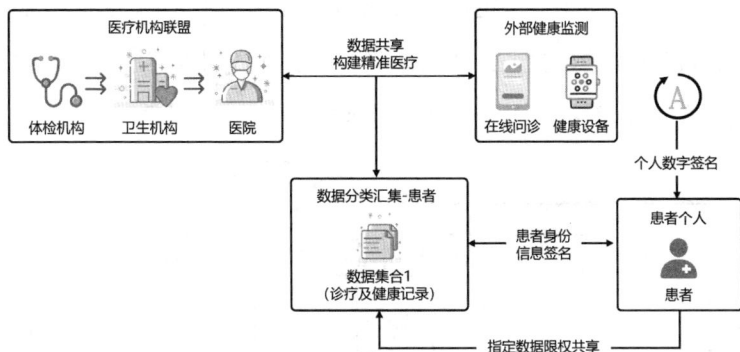

图9-3　区块链在医疗数据治理全业务中的应用

2. 区块链在电子病历共享及高效查询中的应用

随着大数据时代的到来，医疗诊疗过程中电子病历的数据价值及研究价值逐步被认知，在应用区块链技术推动电子病历在医疗机构、科研机构等之间流转、查询过程中，通过应用区块链节点分片策略及索引技术能够有效提升数据的查询性能。在开展电子病历共享过程中（如图9-4所示），数据主体作为单独节点，去除对中心化服务器的依赖，根据省份、地区及医院等级进行分片，将区块链分片与医院地理位置相关联，增加索引方式提高数据查询性能，从而减轻节点上的存储压力，提高数据查询性能。

在电子病历共享及高效查询场景中，通过区块链技术对病历数据键值进行存储，同时在分片内存储相同数据，保证数据一致性，并由特定节点存储私有化数据，在保护患者隐私安全的前提下，使用对应链码进行查询，同时可对同片区数据开展同步查询和结果验证，防止恶意节点破坏数据真实性，实现电子医疗病历数据的安全保障及隐私保护。

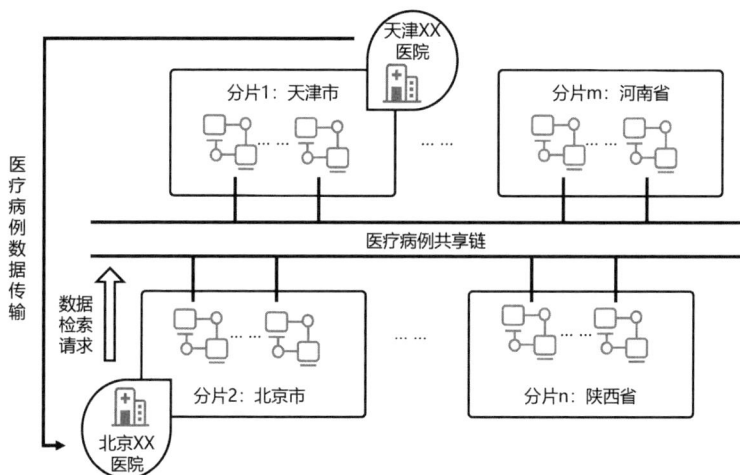

图9-4　区块链在医疗病历共享及高效查询业务中的应用

3. 区块链在医保实时结算业务中的应用

区块链在医保实时结算业务中的应用为医保行业整体引入了新的运营模式和管理理念，通过应用区块链技术，将患者、医疗机构、保险公司、银行等上下游相关方进行联通，同时引入社保局等政府监管部门对社保发放进行全链条监管，利用区块链技术通过智能合约、共享账本、数据存证等服务优化现有医保发放流程，并利用数据加密、数权追溯等功能，确保社保报销全流程可跟踪追溯。

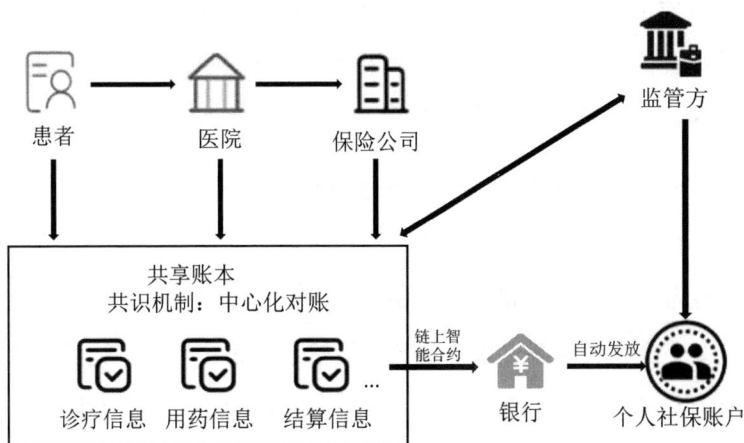

图 9-5　区块链在医保实时结算业务中的应用

在医保实时结算业务流程中（如图 9-5 所示），医疗保险公司可通过患者身份信息有效获取投保相关电子健康记录和医疗用药的数据信息，应用区块链智能合约技术，能够最大化自动执行相关程序流程，减少人员参与环节，有效降低人力成本，实现计费、支付程序自动化，提高医保出险效率，促进医保服务升级，同时相应资金流转及过程数据上链固化能够有效预防保险欺诈的发生，具体流程如图 9-5 所示。在产生医院就诊时，通过将参保人在定点机构看病购药关键信息上链，区块链智能合约技术对关键信息进行自动审核并推动至医保业务部门，利用区块链技术对医疗数据进行去中心化存储固化，并实现数据权限共享，同时将患者就诊全过程检查信息、诊疗信息、用药信息等数据上链固化，能够为保险理赔及账单管理提供有效依据，减少医保骗保、药物滥用等，促进医疗数据验证效率提高，并可对药品诊疗效果反馈提供一定依据，提升数据流转效率，降低医患纠纷风险。

4. 区块链在医疗用品溯源业务中的应用

随着后疫情时代的来临，使用过期医疗器械、销售伪造防疫用品、经营不合格医疗器械等乱象横生，应用区块链技术全链条记录医疗器械注册、制造、运输、销售全流程流转数据能够有效防止不合格产品流入市场，从源头保障医疗用品质量安全。

区块链技术应用于医疗用品溯源业务中时（如图 9-6 所示），基于区块链上数据无法篡改的特性，引入生产企业、销售企业、物流运输企业、医院、消费者等医疗用品相关方，将医疗用品整个生命周期中各环节数据在区块链上保存固化，并引入监管部门实现穿透式监管及物品流转背书，保证产品信息的完整、安全上链，并形成产品唯一可追溯的编码，系统上的各节点可对整个流程的数据进行核验、记录以及实时更新，降低假冒、伪造风险，提升企业管控能力；同时通过联盟链内部数据信息共享机制，能够有效建立医疗设备制造商信用体制，并为相关部门开展质量监管工作提供依据。基于区块链实现信息透明、公开，全链条废物处理信息上链，突破原有处理过程中心化记录手段，通过各医疗单位节点获取医疗废物存放地点、种类、数量等，并利用智能合约自动规划运输路线及成本投入，实现资源处理利用最大化的同时增加废物数据处理可信度。

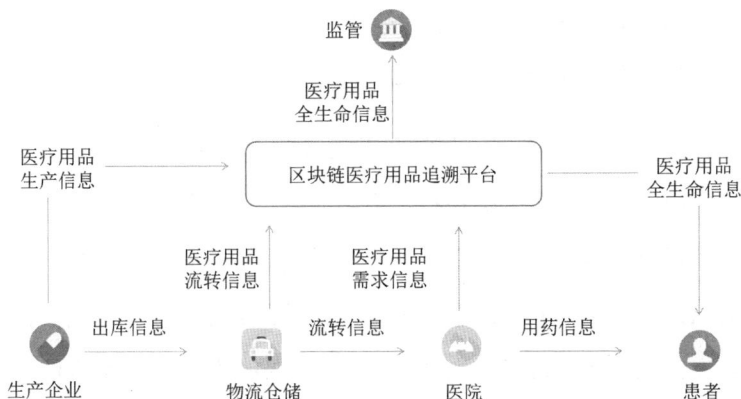

图9-6　区块链在医疗用品溯源业务中的应用

（四）总结与展望

区块链技术在医疗领域的应用处于开发阶段，随着现代社会对医疗健康领域的日益关注，以及医疗健康信息化体系的迭代完善，后续基于区块链的医疗健康应用在多种技术融合发展、服务拓展与完善、数据规范与合规治理等方面仍需要进一步探索，构建医疗健康领域深度信任机制，助力健康中国战略实施。

1. 加速政策出台，规范医疗数据有序上链

区块链技术在医疗领域的应用需要以正式制度为基础，区块链独有的技术特点能够为链上数据流转及真实性提供技术保障，但如果没有正式制度对信息伪造、滥用信息的行为进行明确约束，区块链技术本身所能带来的医疗领域变革有限，因此需要通过政策的颁布实施进一步提升区块链上数据产生与使用的合规性与合法性，真正发挥区块链的技术优势。

2. 落实数据确权，加强数据关键技术研究

由于目前的数据标识技术尚未完善，需要进一步加强关键技术研究，实现对数据主体身份的有效识别，以及对用户数据信息产生、传播和使用的全面留痕，并由数据产生方控制数据共享范围，实现数据信息授权访问，进一步提升敏感数据的总体安全性。

3. 智慧赋能生态，落实医疗区块链生态圈

医疗行业作为关乎民生的行业，存在的问题在疫情高压态势下呈现越发明显。区块链技术落地医疗大健康领域虽已有一定应用场景，但仍面对诸多挑战，亟须出现权威机构作为建设共享生态的牵头方或组织方，明确业务应用模式，发布典型应用业务场景，由点及面，逐步实现医疗行业内部联盟体的建设，落实医疗区块链生态圈建设。

二、区块链+慈善

慈善事业的灵魂是公益组织的公信力，其特点和趋势是社会化和分散化，但这同时带来难以使社会整体协调、效率低下和不公平的问题。社会性公益事件可能给公益组织带来公信力的重创，同时捐赠者和受捐者的权利和义务无法保障。

区块链技术能提升慈善领域的效率和公平。首先，区块链技术的分布式存储技术和共识算法，能塑造可信、高效的价值传递网络；其次，区块链的公开透明和不可篡改技术也增强了慈善过程的公平和公开，保障了捐赠者和受捐者的权利和义务，提升慈善机构的公信力。

（一）业务现状及痛点

随着国家综合财富的不断增长以及社会文明的不断提升，慈善事业在中国的发展趋势良好。国内成立了众多的慈善组织，在地震、泥石流、洪水等自然灾害，以及疾病、工伤等重大变故发生时，能够对受害者等需要救助的人提供金钱、物资帮助，有效缓解当事人面临的困境。慈善事业在国内快速发展，越来越多的人投入慈善事业中，成为社会和谐发展的一支重要力量。相比国外相对完善的慈善制度，国内的慈善仍处于发展初期，面临着制度不健全、监管不到位等问题，慈善捐助信息不透明，捐赠人及相关的政府部门缺乏监管手段，慈善组织内部运行效率低下，对资金和物品的管理存在较大难度，采用互联网的方式进行信息披露难以取得用户信任。慈善事业的发展面临一些亟待解决的问题。

1. 捐赠信息不透明，监管手段滞后

传统公益慈善组织的捐款信息公开透明度低，监管机制缺乏，公信力不足。公益组织的善款来源、资金去向以及资金使用状况是公众关注的焦点，但是传统公益机构对此类信息披露完全不足。物资来源不透明、去向不可知、信息公开不及时，以及政府对慈善组织的监管手段缺乏、社会监督力量薄弱，导致慈善机构公信力下降，严重影响了公众对公益组织的信心与支持度。

2. 物资分发缺乏技术手段，运营效率低下

公益慈善组织大多仍采用原始统计分配方式，没有进行科技化改造，导致办事效率低下，运营成本较高。传统捐赠流程烦琐，工作方式落后。在新冠疫情这一突发重大公共卫生事件中，各省、市红十字会等慈善组织一方面需要对不同来源的款项和不同类型的捐助物资进行整理分类；另一方面需要根据前线医院的需求进行分类划拨和管理，对于响应速度的要求较高。但大部分红十字会在实际工作中仍采用传统人工方式进行表格统计，耗时长，影响物资和善款流通速度，且造成大量人

力浪费，效率严重低下。同时人工登记的方法不可避免会出现错误统计，影响物资分配，可能带来对实际物资需求的错误分配，严重影响疫情救助。

3. 个人捐赠者持续增长，用户及资金管理难度大

我国经济的快速发展以及公益信息的全面普及带来了群众持续增长的公益需求。根据《中国慈善发展报告（2019）》数据，近年来社会公益总价值与社会组织数量不断上涨，2018年，中国社会公益总价值达3265.2亿元，中国内地的个人捐款同比增长3.24%，创下360.47亿元新高。近年来，个人捐款额度保持较快的增速，未来个人捐款资产规模尤其是网络募捐广泛被看好。网络募捐以个人捐赠为主，2018年，民政部指定的20家互联网募捐信息平台共募款31.7亿元，同比增长将近27个百分点。哈佛大学罗伊和莱拉·阿什民主治理与创新中心的一份报告显示，2010年至2016年，中国排名前100位的慈善家的捐款增长了两倍多，达到36亿美元。中国国内的个人捐赠者数量及捐赠金额持续快速增长，慈善组织收到的资金和物资持续增加，如何有效进行物资与需求的有效匹配，是慈善事业发展必须解决的难题。

4. 互联网手段难以解决慈善面临的信用问题和质疑

"互联网+公益"的创新模式已经有众多实际应用案例，但是同样面临着信用风险和监管问题。网络公益众筹平台如轻

松筹、水滴筹、爱心筹等快速发展，一方面有效帮助了数万名有实际需求的困难群众，缓解了政府的压力；另一方面由于互联网的开放性，使得众筹平台对发起者与受益者的信息的筛选变得困难重重。个别求助者虚构病情、部分平台业务流程不合规、用户数据被滥用、涉嫌非法筹集资金等问题频现。更有甚者，平台帮助求助者进行病情造假，提交虚假数据信息，以此来获得更多的捐助资金。这不仅是对捐助者基本权益的侵害，同时也削弱了群众对于网络公益活动的信任，严重制约了我国公益事业的可持续发展。

（二）区块链技术赋能慈善领域

区块链具有去中心化、公开透明、信息可追溯、防篡改、通过智能合约自动执行等优势，这些优势可以从根本上解决公益的信任难题。将区块链技术应用于公益领域，可以改进公益组织的信息存储与传播方式，实现社会对公益项目资金的实时监管，提升公益组织的公信力，增加民众对公益机构的信任度，如图9-7所示。

1. 实现捐赠信息公开透明

区块链是一个公开的数据库，具有信息透明、可追溯、防篡改的特点，能大大降低信息披露成本。区块链上的所有信息对全网公开，每笔款项的流通和交易都被储存在链上，每个节点均可对账目进行查看和监督，保证公益项目的公开性和透明

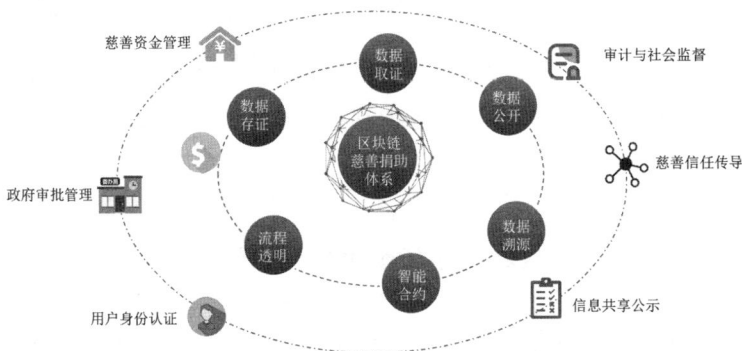

图 9-7 区块链慈善捐助体系示意图

性。捐赠人可以对每一笔交易进行查询，追溯物资或款项的发放信息、使用情况等。解决公益组织信息披露能力不足、信息披露平台不健全、披露范围不明确等问题。

2. 实现捐助流程高效运转

利用智能合约自动执行的特性，只需要设定好相关参数就能自动运行，减少管理成本，提升执行效率。如在疫情防控中，医院发出医疗物资需求，利用区块链技术，需求信息被导入智能合约，自动实现对物资募集情况、物流运输、分配签收等全流程跟踪，保障项目的顺利运行。

3. 实现对志愿者有效激励

公益项目的参与方是不同利益主体，需要尽可能照顾各方利益，才能激发更多参与者的积极性。如在 2020 年的新冠疫情中，存在很多社会志愿者和慈善人士。由于公益项目的非营利性，吸引各方积极参与的不再是经济利益的分配，而是同情心、家乡情、社会责任等。面对参与者的不同出发点，区块链的激励相容机制可以实现多方利益的共赢，实现社会价值最大化。

（三）区块链在慈善领域的应用场景

区块链以其公开透明、多方协同的特征，深度融合慈善领域业务需求，在救灾扶贫、支教助学、安老助孤等方面具有良好的应用前景，能够帮助慈善事业更好地提升内部运营效率和透明度，对外提高捐赠者的信任程度，打造更加可信的慈善体系，如图9-8所示。

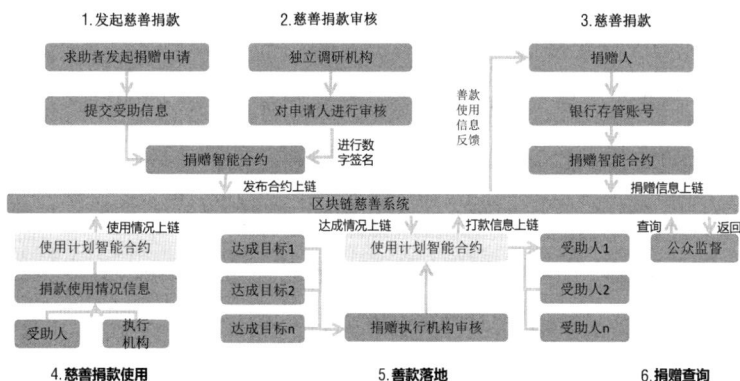

图9-8 区块链慈善捐助系统应用示意图

1. 救灾扶贫，提高捐助流程信息公信力

对慈善机构而言，在发生重大灾害及对弱势群体帮扶时，需要提高善款流通透明度。当有灾害发生时，由于信息的不对称，受灾区域的受灾原因、范围、灾情状况等难以通过准确的信息传递，让区域外的人全面了解；在进行扶贫工作时，弱势群体的身份信息、身体状况、经济状况等难以进行准确的度量。救灾扶贫工作因为信息的不透明、不对称性，经常会让参与其中的慈善机构受到外界的质疑，更高的透明度可以让更多的人参与慈善活动。

通过区块链多方共识、不可篡改的特性，让受捐助者通过区块链发起捐助，能够让外界更加全面地了解受捐对象，能够更有针对性地进行帮助；慈善机构通过区块链进行链上信息审核，能够及时地将慈善流程发送至捐赠者和受捐赠者，能够很好地提升慈善的参与度；捐赠者通过区块链能够知道自己捐赠资金的流向和受赠者，确保善款得到妥善使用。区块链使得每一笔捐赠都是透明、不变和可追踪的（如图9-9所示）。区块链在救灾扶贫中的使用使公众在慈善事业中有了更大的发言权，提升了慈善机构社会公信力，能够让更多的人参与到救灾、扶贫中。中国尚有较多需要被帮助的群众，泥石流、洪水、地震等自然灾害也时有发生，基于区块链的扶贫慈善系统，将构筑起爱的链接，共同守护我们的家园。

2. 支教助学，确保学业顺利完成

为保证任何一个学生不因贫困而辍学，中国政府采取了以希望工程为代表的积极助学政策，通过政府补助、社会捐资等

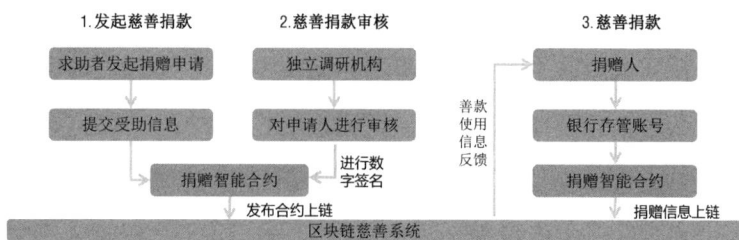

图 9-9 区块链在慈善捐助中的应用

方式，改善贫困地区的教学环境，减免贫困学生的学杂费用，努力克服因经济状况导致的教育中断困境。但是由于教育系统的差异性，不同阶段的学生、不同区域的学校所需要的教学物资是不同的，支教助学的所需和社会上的捐赠常常未能有效匹配，造成教学资源浪费的同时部分困难师生得不到有效帮助。

利用区块链技术记录和存储支教和助学资金的善款募集、资金划拨、资金落实情况，将受捐者信息、区域信息、教学物资匮乏情况等进行上链，通过区块链慈善平台向社会提供公开查询，捐赠者通过区块链慈善平台查询后进行定向捐助，通过智能合约实现需求和捐赠信息的有效匹配，能够极大提升慈善捐赠在教育领域的效果，同时对募集物资在教学设备、教育图书、学生学杂费等方面使用情况的全程追踪（如图 9-10 所示），确保善款在教育领域的专款专用。区块链技术在支教助学领域中的广泛应用，能够在捐赠有限的情况下，最大限度帮助更多贫困学生完成学业，通过助力教育进行扶贫，是建设共同富裕的重要手段。

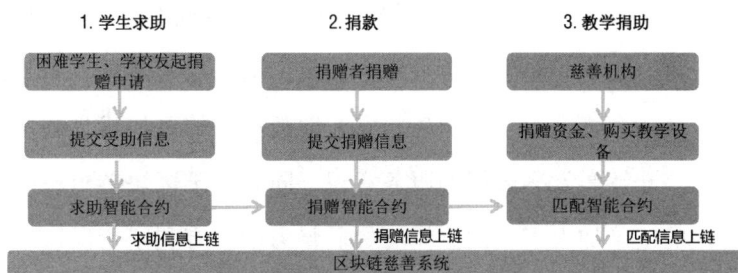

1. 学生求助	2. 捐款	3. 教学捐助
困难学生、学校发起捐赠申请	捐赠者捐赠	慈善机构
提交受助信息	提交捐赠信息	捐赠资金、购买教学设备
求助智能合约	捐赠智能合约	匹配智能合约
求助信息上链	捐赠信息上链	匹配信息上链
	区块链慈善系统	

图 9-10　区块链在支教助学中的应用

3. 安老助孤，让弱势群体更有尊严

由于社会的不断发展，中国逐渐进入老龄社会，60 岁以上老年人占人口的比例不断增加，80 岁以上的高龄老人的数量也在不断增长，从而带来了各种各样的问题。中国政府的多个部门也分别出台了相关的措施，努力改善老年人特别是孤寡老人的生活环境，然而由于老年人身体、经济、房产、医疗等数据散落在多个业务部门，多部门间难以形成有效合力，从而增加了此项工作的难度。

通过区块链慈善平台构建安老助孤的社会慈善体系（如图 9-11 所示），广泛纳入民政、街道、银行、司法机构、志愿者等多个主体，实现孤寡老人信息的有效共享，通过信息的多方共享和共同记账，引导全社会同献爱心，人人参与、密切协作，让孤寡老人获得美好生活。利用区块链技术打破民政、街道、慈善机构、捐赠者、受捐者、志愿者之间的信息孤岛，捐赠者能够通过多个渠道获取孤寡老人的信息，实施有针对性的家务、医疗、物资等帮助措施，实现多方共同发力，相互协同，努力改善弱势群体的生活，让他们活的更有尊严。基于区块链的慈善平台是中国建立安老助孤社会体系的优良解决方案，能够激发多部门的服务意识，同时由于区块链上不可篡改的记录加大了不同主体间的监督力度，有利于切实履行主体责任，营造人人敬老、养老、助老的社会环境，是中国进入老年社会后的解决老年人问题，特别是孤寡老人养老问题的必由之路。

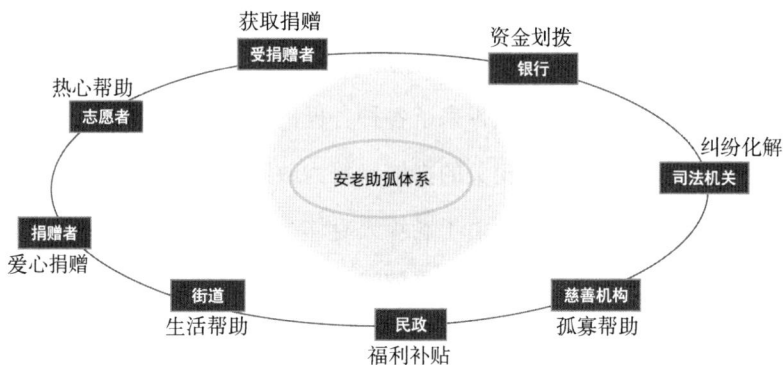

图9-11   区块链在安老助孤体系中的应用

（四）总结与展望

区块链作为一种新兴的数字技术，有着巨大的应用潜力，将区块链应用在社会公益领域是一种积极的探索。不少人简单地认为，只要上了区块链，慈善行业的信任问题就解决了，其实不然，区块链技术在慈善领域的应用仍有一定的局限性。从技术层面而言，一方面，区块链技术本身不够成熟，社会接受度较低，在公益慈善领域的应用大部分处在内部测试和构建之中，并未发展出较为成熟的市场应用机制；另一方面，目前缺少基于区块链技术的简便易操作的应用程序，底层区块链架构的搭建需要专业的技术团队和大量的存储空间，过高的技术门槛和技术设备大大降低了公益慈善组织和相关平台对区块链应用的认知和接纳程度。为进一步促进区块链在公益慈善领域的应用，建议从以下四个方面开展工作。

1. 完善顶层一体化设计，推动慈善区块链应用

区块链发展还处在起步阶段，区块链在公益慈善领域的创新应用需要由涉及该领域的相关政府部门、社会机构、企业、医院、用户等众多主体共同参与建设。设立行业规范，建立跨部门协作机制，从顶层制度层面进行布局规划，解决我国慈善领域社会化、分散化带来的管理水平差异大、整体难协调等问题。加大区块链技术在慈善领域应用的支持力度，为区块链在公益领域的创新应用营造良好的环境。

2. 试点自主化发展，加快慈善区块链应用落地

开展基于区块链技术在公益领域的试点应用，优化发展环境，激发技术活力。以联盟链的方式对公益组织进行试点，将上下游机构纳入联盟链，从捐赠、支付、受助到监管、审计都

纳入联盟链，促进区块链应用的尽快落地。

利用区块链技术的可信性、透明性和不可篡改机制，对一些小型社会公益团体进行试点帮助，发展特定区域、特定行业的捐助计划，帮助更多小型社会公益组织自主发展，消除信任屏障，激发社会救助热情，同时减轻当地政府的行政和财政压力。

3. 完善法律法规，保障慈善区块链应用

发展区块链创新应用，必须完善相应的法律法规体系。目前我国在对区块链技术的应用领域缺乏专业的法律法规和指导，需加强对智能合约、链上数据权益机制等的法律研究，创造合法合规的应用环境，才能更好地保障区块链等新兴技术与慈善事业的合法合规开展。

4. 探索数据资产捐助模式，创新慈善区块链应用

随着数据经济的发展，人们的资产开始从有形向无形发展，资产数字化变得越来越普遍。慈善机构应积极接纳如知识版权、域名、账户、商报等数字资产的捐助，并将其按照社会公允价进行变现，扩充救助资金。同时数字资产捐助能消除救助边界，扩大救助范围，同时减少数据录入、数据核对等流程，提高救助效率。

三、区块链+食品安全

随着我国经济的蓬勃发展和国际地位的不断提高，人民的生活水平也逐步与国际接轨，购物和饮食习惯发生了巨大变化，但与此同时也催生出各类食品安全问题。据世界卫生组织统计，每年有十分之一的人因为食用受污染食品而引发疾病，食品安全关系国计民生。

我国高度重视食品安全，早在 1995 年就颁布了《中华人民共和国食品卫生法》，并在此基础上于 2009 年 2 月 28 日通过了《中华人民共和国食品安全法》。食品安全法体现了预防为主、科学监督、严格责任、综合治理的食品安全工作指导思想，确立了食品安全风险监测和风险评估制度、食品安全标准制度、食品生产经营行为的基本规范、不安全食品召回制度、食品安全信息发布制度，确立了分工负责与统一协调相结合的食品安全监管体制。习近平总书记也强调，"用最严谨的标准、最严格的监管、最严厉的处罚、最严肃的问责，确保人民群众'舌尖上的安全'"。要彻底解决食品安全问题，就要解决食品安全领域的信息不流通、数据不透明、部门不协同等难题。而要解决以上难题则离不开对区块链、人工智能、物联网等新兴技术的应用。2021 年 6 月 7 日《关于加快推动区块链技术应用和产业发展的指导意见》出台，指出要推动区块链和互联网、大数据、人工智能等新一代信息技术融合发展，服务实体经济，在产品溯源、数据流通、供应链管理等领域，以及政务民生、智慧城市建设场景中发挥其建设可信网络的价值。区块链技术正成为发展数字经济，促进民生安全，实现智能监督和管理的重要支撑。

（一）业务现状及痛点

21世纪以来，全球各国都深陷因食品安全问题引发的公共安全事件、贸易纠纷、政治危机。食品安全问题频发，不仅是对国民安全及健康的忽视，也为政府部门的监管工作带来巨大挑战。食品的整个流通环节涉及种植、加工、运输、深加工、销售等多个方面，是一项涉及多个部门和机构，具有庞大和复杂数据的工作。虽然我国的食品安全信息溯源与公开体系工作已经取得了不错的成效，但在现行社会经济环境下，食品安全仍存在隐患，消费者权益仍无法得到保障。

1. 消费者知情权无法保障

食品属于信用品，公众无法通过直接的观察、购买、消费的过程判断食品内在的详细信息，需要食用后或食用一段时间后才能判断出食品的质量信息是否真实，甚至还会有食用不安全食品很长时间仍不清楚真实信息，最后通过其他渠道知晓食品真实信息的情况，具有隐蔽性。因此食品安全信息的公开存在市场失灵与政府失灵。

一方面，食品生产经营者过度追求经济利益，导致问题食品不断流入市场。对于消费者而言，没有提前或主动获知食品信息的途径和方式，获得的信息多来自食品生产经营者、行政机关或新闻媒体。这样一来，消费者没有真正行使食品安全信息知情权的权利，监督权就更无法保障。另一方面，由于食品安全信息公开涉及诸多环节和部门，且需要进行大量相关数据的采集和整理。在此过程中，经常有利益相关者对相关信息谎报、瞒报，导致行政机关在食品安全信息公开工作过程中困难重重、效率低下。更有甚者，为了自身利益对食品安全过程中采集到的数据进行瞒报甚至篡改，并对消费者进行隐瞒，消费者在食品流通的整个环节，始终处于被动地位，真实数据的知情权无法得到真正落实与保证。

2. 食品安全相关数据无法共享

食品安全相关信息采集涉及多个环节和部门，本身具有复杂性、多变性、广泛性、特殊性，现行的行政机关及监督部门很难应付如此庞大和多变的数据信息。第一，由于行政机关人员专业受限，其对数据采集、处理和保存的能力有缺失；第二，在2013年国家食品药品监督管理总局成立之前，我国的食品安全监管体制是"九龙治水"，食品的养殖、加工、再生产、运输、销售等各个环节分属不同部门管理，各个行政主体各自为政，部门间的协同配合无法顺利进行，这就导致食品安全领域缺乏顶层数据整合与数据管理能力，数据从采集到整理，出现规则不统一、使用不合理、共享不协调等问题；第三，由于食品安全信息部门的独立分割，消费者在使用和查询过程中，流程不畅，严重影响行政机关的权威性。

（二）区块链技术赋能食品安全领域

区块链技术为我们提供了一种全新的信任机制，其去中心化、不可篡改、开放透明、机器自治等技术特性，可以有效解决食品安全信息溯源与披露中的信任危机，保证信息真实可信，并做到食品链条的各个环节数据上链，形成信息闭环，并做到经济活动还原。因此将区块链技术应用在食品安全领域，将食品流通各个环节数据上链存储，做到各个环节数据可查，并处于有效监控和追踪之下，同时保证信息的透明公开，保障消费者的知情权与监督权，构建数据互联互通和共享应用平台，促进部门协同作业，落实各部门的监管职责，增强企业、行业的社会责任。

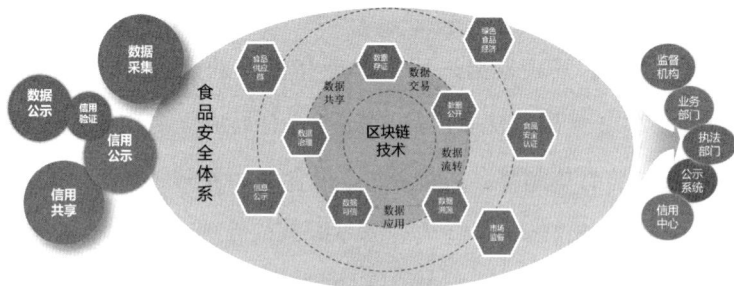

图 9-12　基于区块链技术的食品流通过程

1. 构建食品安全数据可信溯源平台，保障各方合法权益

食品流通涉及多个部门和环节，通过构建区块链食品安全数据溯源平台，结合区块链、物联网等技术，将种养植、加工、物流、销售、深加工、监管等各个环节数据进行上链存储，做到食品流通的任意环节数据可查。同时由于区块链的存储结构，每个区块都被打上时间戳，能确保数据的可信和可溯源，为消费者提供了对从"农田到餐桌"各个环节的可操作的食品供应链数据的即时访问，使消费者能轻易获得每个食品过去和现在位置的完整历史记录，并在几秒钟内轻松访问相关详细信息，保障消费者的知情权。各个行政执法机关检测、抽查、处罚等数据同时上链储存，并及时公开，将消费者的监督权落到实处。

2. 构建食品安全数据互联互通平台，提升协同效率

区块链本质上是一个分布式的共享账本，通过智能合约、分布式账本、密码学、终端用户授权机制，能针对性解决多业务系统、多组织间数据共享的问题。因此基于区块链技术构建的食品安全领域数据互联互通共享平台，在不改变原有数据管理职责的前提下，使食物流通的各个环节成为数据节点，通过共识算法实现多个节点数据同步更新，并实现各方对自有数据不脱库共享。分布式记账确保各节点数据确权清晰、安全免责

使用，提升各部门、机构的数据共享水平，促进食品安全领域的跨区域、跨层级数据共享，提升部门协同效率。

3. 构建可信食品监管体系，完善监管机制

通过清晰、可信的数据流通和共享网络，构建可信的食品流转监管体系。强有力的安全数据溯源记录不仅可以更轻松地召回有可能被污染的确切食品批次，而且还可以查明事件的确切来源并提供快速解决方案，对于构建可信监管体系，明确责任主体，划分市场监管职责，落实监管人员，同时防范化解市场监管领域重大系统风险，对完善市场监管体系有着重大的应用意义。

4. 搭建快速交易体系，节约交易成本

因为数据的公开透明，食品的需求数据实时更新，农户可以销售更多的产品，通过区块链技术中的智能合约，可以简化支付流程，消除更多中介机构，使农户获得更高的报酬。同时，由于数据的公开透明，区块链技术还可能预防市场操纵行为的发生。

（三）区块链在食品安全领域的应用场景

基于区块链技术的不可篡改、安全、透明、公开等特性，将区块链技术应用到食品安全领域，能有效保障食品安全数据的透明，在流通供应链、安全认证、食品绿色经济生态、食品

企业权威信用排名等领域有较大的应用前景。

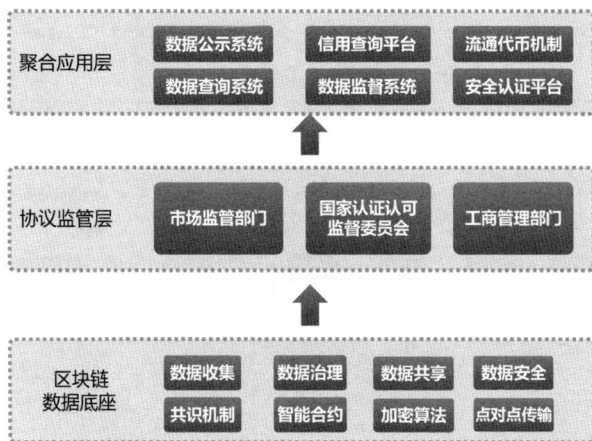

图 9-13 基于区块链技术的食品安全体系结构图

1. 提供透明的食品流通供应链

要保障食品安全必须保障食品流通中种植养殖、加工、运输、销售、再加工、食用等等多个环节的安全，要保障从加工用料、作业环境、设备工具都符合国家标准。以往食品流通供应链由于地域、设备、条件等差距，出现环节监管缺失、数据信息使用范围局限、数据共享不透明等问题。同时消费者无法获得流通全过程数据，监管机构也无法发挥应有的监管职责并进行提前预防。

通过构建区块链数据网络（如图 9-14 所示），结合物联网技术、传感技术，对食品流通全过程进行监督，提供"从农场到餐桌"的数据信息并进行实时公开，保证食品流通的各个参与方能实时获取食物信息，监督食品流通全过程，提高流通透明度。

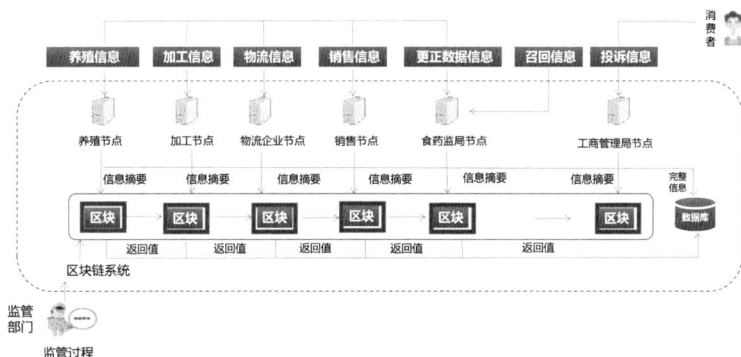

图 9-14　区块链技术在食品供应链流通中的应用

2. 提供权威食品安全认证

《食品安全管理办法》对我国现行的食品安全认证机制进行了明确规定，要求"申请人必须要能控制产品生产过程，落实绿色食品生产操作规程，确保产品质量符合绿色食品标准要求；申报企业要具有一定规模，能承担绿色食品标志使用费"。但实际运营中，往往会出现具备安全认证的企业也发生食品安全不合规、不达标的问题，对市场监管和企业本身造成了压力。其原因有三：第一，认证过程是一次性的，但是监督管理是持续的。如果无法对生产场所、生产过程、生产设备和工具、操作流程进行实时、全程监管，保证各个环节的实时安全，就无法保证食品绝对符合标准，生产加工企业不能把食品安全认证标识当护身符；第二，某些部门或个人为了自身利益，往往通过"暗箱操作"，为不符合标准的企业颁发认证证书，严重影响食品安全市场秩序，妨碍市场监督管理过程，有损认证机构的权威性和公信力；第三，企业申请安全认证的过程中需要提交大量材料，并到线下场所进行提交，无形中增加企业的经营压力和运营成本。

通过构建区块链食品监督管理网络，按照国家认证标准建立食品认证评分机制，打通工商总局、国家认证认可监督管理委员会、市场监督管理局数据库，将食品生产、加工、运输销售等多环节数据在链上进行实时同步，通过共识算法和智能合约，对食品流通的各个环节进行评分，对绿码企业在线颁发食品安全认证证书。保持数据的实时更新，在线撤销不符合认证

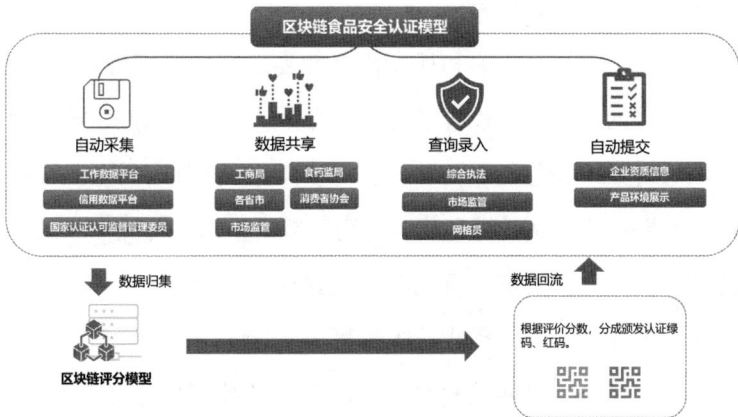

图 9-15　区块链技术食品安全认证模型

标准企业的认证资格，从源头保障食品安全，提高食品认证效率，减轻企业经营负担，发挥企业自我监督功能，增加国家认证机关公信力。

3. 利用通证经济构建食品绿色经济生态

现行的食品安全监管主要靠市场监督管理部门，数据多，工作量大，往往会出现很多漏洞。一方面是因为相关法律法规不完善，给一些不法分子造成可乘之机；另一方面是因为商家利用信息迟缓或误差，存在侥幸心理，为达到利益最大化，往往使用过期变质材料。消费者在买到过期食物时，出于流程复杂、耗费精力和财力等原因，在商家苦口婆心劝说下选择"大事化小，息事宁人"。以上的种种行为，非常不利于我国食品安全体系的建立，同时也给市场监管部门带来大量的监管工作，加大了监管压力。

为了发挥企业自治和社会监督能力，减轻监管行业压力，建立完善的食品安全社会监督和惩罚体系，在食品流通环节设置区块链数字绿色积分，对每个环节符合国家标准的企业按照规则奖励一定比例的绿色积分，商家或者消费者可凭借绿色积分进行实物兑换或享受折扣服务，在保障食品安全的基础上，最大限度保障流通各环节主体的利益。通过通证经济办法，推动食品流通内部奖惩机制建设，构建食品数字积分经济生态。发挥企业和消费者自治监督能力，减轻监管部门压力，完善我国食品安全社会监督体系。

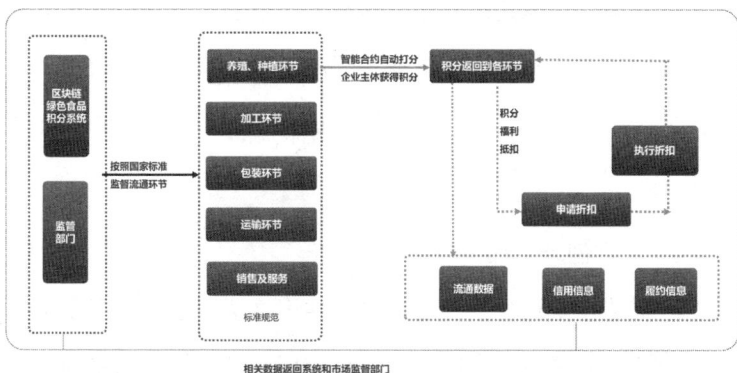

图9-16 区块链技术食品安全认证模型

（四）总结与展望

通过区块链技术有效赋能食品安全领域，保证食品安全领域的信息透明、公开、可信，保障消费者的知情权和监督权；实现数据互联互通，通过构建数据共享平台，加强部门协同合作，提升协同水平，提高办事效率；全面加强和改进食品安全工作，实现全程监管、科学监管，同时提高监管成效、食品安全水平，改善营商环境。但目前我国仍面临相关法律缺失、制度不健全等问题，因此未来仍需要从以下几个方面加强顶层设计和建设，通过立法约束、技术创新、社会共治，逐步完善食品安全体系。

1. 赋予区块链技术应用于食品安全领域合法性

随着社会快速发展，区块链等多种新兴互联网技术的应用目前在我国还存在诸多法律漏洞和法律空白，将其引入食品安全领域仍缺少合理合法的依据。因此需要立法机关尽快做出反应，让区块链技术在食品安全领域的应用有法可依、有法可循。

2. 注重创新，加强技术融合

区块链技术结合了智能合约、共识算法、密码学等多项技术，因此不应该作为一项技术单独使用，而要结合物联网、人工智能、大数据等相关新兴技术，加强各种技术融合，取长补短，构建"区块链+"生态，创新食品安全监管方式，实现食品安全领域从数据溯源到监督管理的多层创新，提升部门协同效率，改善营商环境。

3. 完善制度标准，促进社会共治

食品的供应链极其复杂，涉及供应商、生产商、广告商、分销商、零售商和监管机构，复杂的流通过程增加了风险出现的概率，因此社会共治显得愈发必要。通过制定食品安全标准、信息采集制度、数据入链规则、信息披露标准等一系列标准和规范，确保食品安全链上数据的一致性、规范性和可用性，进一步确保信息的可信性与广泛度；及时进行信息披露，在保证消费者知情权的前提下，充分发挥社会共治机制，给予消费者充分的监督权，震慑食品流通环节中的各种不安全行为，保障国计民生。

四、区块链+乡村振兴

党的十八大以来，以习近平同志为核心的党中央把消除贫困摆在治国理政更加突出的位置，全面打响脱贫攻坚战，提出"精准扶贫、精准脱贫"的脱贫攻坚思路，以及"到二〇二〇年我国现行标准下农村贫困人口实现脱贫"的奋斗目标。

"十三五"时期，经过全党全国各族人民共同努力，我国现代农业建设取得了重大进展，乡村振兴实现良好开局。截至2020年底，我国9899万农村贫困人口脱贫，832个贫困县全部摘帽，完成了消除绝对贫困和区域性整体贫困的艰巨任务，创造了人类减贫史的伟大奇迹。实践证明，以习近平同志为核心的党中央重农强农的战略决策完全正确，党的"三农"政策得到亿万农民衷心拥护。

"十四五"时期，是乘势而上开启全面建设社会主义现代化国家新征程、向第二个百年奋斗目标进军的第一个五年。全面建设社会主义现代化国家，实现中华民族伟大复兴，最艰巨最繁重的任务依然在农村，最广泛最深厚的基础依然在农村。站在新起点，在我国脱贫攻坚与乡村振兴有效衔接的第一个五年，党和国家要求设立衔接过渡期，确保守住不发生规模性返贫底线，精准扶贫工作仍是乡村振兴战略的重中之重。面对扶贫工作中存在的扶贫对象识别不精准、上报数据真实性不足、扶贫各方信息不对称、扶贫资金使用不透明等困境，全面推进乡村振兴战略的实施，除了要强化治理理念、健全治理体系之外，亟须与新一代信息技术有效融合，以新技术、新模式助力战略落实。

区块链作为当前最具创新潜力的技术，具有多方共识、去中心化等优势，是我国核心技术自主创新的重要突破口，依托其数据透明、不易篡改、可追溯等技术特性，融合乡村振兴战略需求，有望解决精准扶贫网络空间的信任和安全问题，助力实现共同富裕。

（一）业务现状及痛点

为做好乡村振兴与扶贫减贫工作，从政府、企业到公益组织，全社会投入了巨大资源，区域性整体贫困得到解决。但是，完成了消除绝对贫困的艰巨任务，并不代表扶贫工作的终结，而意味着我国扶贫事业进入一个以"转型性的次生贫困和相对贫困为特点"的"后扶贫时代"，面临精准度不高、资金使用不透明、管理不规范等问题，亟待进一步完善贫困治理支撑体系，提升乡村振兴治理效能。

1. 贫困人口动态变化，识别精准度不高

精准性是乡村振兴的本质要求，"实事求是、因地制宜、分类指导、精准扶贫"是精准扶贫方略的重要思路，扶持对象精准、项目安排精准、资金使用精准、措施到户精准、因村派人精准、脱贫成效精准"六个精准"是精准扶贫方略的主要内容。乡村振兴的首要目标是要对贫困人口进行识别，准确识别"扶持谁"的问题。

首先，贫困人口处于一个流动和变化的状态，贫困的定义和统计方式需要根据实际发展情况进一步完善。目前贫困的计算方式主要是由国家统计局按照收入支出等量化统计指标来测算，而在实际执行过程中，因我国地区之间不平衡、不协调等因素，导致大量实际贫困人口未能被识别。其次，精准脱贫的精准度不够，实践中存在"数字脱贫""虚假脱贫"高发现象，以及部分识别贫困人口的人员专业素质不高、党性修养不足，在建档立卡指标分配等环节存在人为替换、突击填表报数、数据注水等问题，导致存在"假贫困"现象。

2. 帮困救助资源分散，数据真实性不足

数据治理是乡村振兴重要路径，贫困人口通过数据采集、数据共享来反映个人及家庭真实现状和帮扶诉求，各级政府部门依托数据的共享分析来衡量扶贫绩效、制定扶贫决策等。但是，当前救助帮困数据资源分散，救助帮困涉及辖区内多个不同部门，帮困业务信息散落在不同部门的系统或电子文件中，存在统计方式引发的技术性失真、村干部与扶贫干部的主观性造假等现象，数据孤岛现象严重，数据的真实性不足且缺乏有效验证方式，多部门之间的合法合规的数据共享有待进一步提高。

以贵州省为例，全省计划募集脱贫攻坚基金规模高达3000亿元，覆盖400万贫困人口，需要通过75个县、1795个乡镇实现扶贫资金拨付，覆盖体量大、信息量巨大，资金管理难度很高，扶贫数据治理和合规共享困难，影响乡村振兴的实施效率与效果。

3. 扶贫资金量大且复杂，管理使用不透明

扶贫资金能否有效使用，直接影响着乡村振兴战略的实施效率和效果，而扶贫资金涉及资金计划、资金投入、资金分配、财政拨付、政府审批、银行付款等环节，高效透明管理非常困难。首先，扶贫资金规模大、管理难度高，现有的中心化、层层管理的管理模式，缺乏社会化的参与和第三方机构的监督。其次，资金投放粗放，管理透明度低。传统扶贫工作自上而下，资金很难精准到达最需要的群众手上，另外由于地域交通不便和信息传达不畅，扶贫工作又是社会大众重点关注的领域，容易因单点违规事件发生引发社会对扶贫工作的信任危机。

4. 面临脱贫后返贫，脱贫质量不稳定

贫困群众脱贫后又返贫是基层扶贫的一个难点问题，经过分析，我国贫困人口出现返贫的原因，一是脱贫不稳定导致返贫，二是因外界及自身因素导致脱贫后返贫，因病返贫现象较多，重大疾病费用对于刚脱贫的用户来讲压力非常大，这也是

扶贫工作面临的最大障碍。此外，对贫困户救助的方式以现金和实物为主，服务救助、能力救助相对有限，而困难对象的需求也越来越多元，希望增加子女教育、心里抚慰等针对性帮扶，救助帮扶的精准度有待进一步加强。

站在脱贫摘帽的新起点，必须切实提高脱贫质量，夯实基础支撑工作，加强建档立卡的动态管理，进一步摸清真实、可信的贫困信息，做到"脱贫即出、返贫即入"，同时更加注重帮扶的长期效果，建立防止因病致贫返贫的长效保障机制，夯实脱贫致富的基础。

（二）区块链技术赋能乡村振兴领域

以新技术赋能乡村振兴，已成为信息时代创新扶贫手段、转换扶贫模式、提升扶贫效能的重要方式。而区块链去中心化、不可篡改、非对称加密、集体维护、可追溯等技术特性，

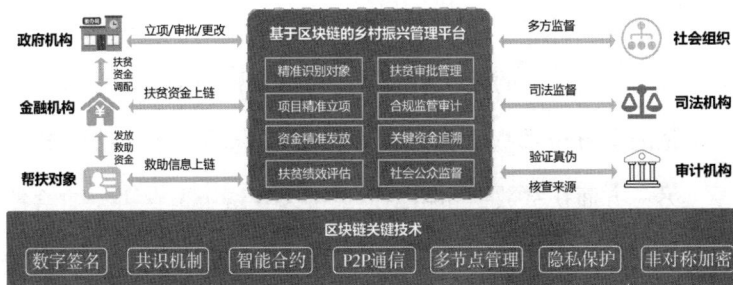

图 9-17 基于区块链技术的乡村振兴管理与服务示意图

正好契合乡村振兴数据流和多方互信的需求，通过智能合约构建一个多方参与的独特信任机制，对解决当前乡村振兴实施过程中存在的数据真实性不足、数据传输不畅、监管困难、扶贫手段不足、多方协作困难等问题具有独特优势。

因此，在乡村振兴管理中充分引入区块链等新技术手段，积极创新，改造提升传统监管手段，大力推行"区块链+乡村振兴"，助推脱贫攻坚与乡村振兴更好衔接，突出区块链技术的可信、可追溯、多方共识等优势，通过保存不可篡改的贫困人口识别、扶贫、管理和考核的全过程，使各社会主体共同参与、共同维护、共同监督，满足社会公众的知情权、监督权，增强扶贫工作的客观性与可信度，提升全要素、全流程监管能力，支撑"后扶贫时代"的扶贫工作，赋能乡村振兴发展模式的数字化转型。

1. 多方共识，助力精准识别对象

通过区块链技术连通各类救助帮困业务系统，实现整个扶贫过程与社会主体的无缝衔接，通过信息资源中心形成以个人为单位的全方位数据画像，一方面可以指导具体帮扶业务开展；另一方面扶贫数据和相关记录可以在链上留存再反哺给各业务系统，完善扶贫数据。届时贫困人口识别工作与进度将完全是公开、透明的，人们可以通过互联网及时查阅相关信息，更精准、更全面地识别扶贫帮扶对象。

2. 可追溯性，监管资金真实流向

通过区块链技术对每一条资金的操作记录都加入了不可篡改的时间戳，可以有效记录资金的真实流向，助力巨额扶贫资金管理；同时依托分布式、区块化存储，可以通过网络中的节点验证和跟踪之前的所有资金记录的真实流向，实现扶贫资金的可信"溯源"和有效监管。通过链上存证每一笔扶贫资金从审批、拨款到使用的全流程，避免人为造假、节流和挪用等违法现象发生，确保扶贫资金切实、有效、足额发放到贫困户手中。

3. 信息共享，加速关键要素流通

利用区块链的信息共享特性和共识机制，打破精准扶贫信息化建设孤岛现象，构建出一条各节点之间安全可靠的信息共享通道，一方面，通过引入扶贫、发改、税务、审计、金融等机构部门作为链上共治节点，健全链上数据流转机制和跨节点共享机制，建设有效串联相关单位的业务数据，实现扶贫相关单位的共同审批与监督，提高数据流转效率，提升工作效能；另一方面，通过打通省级基于自然人信息的身份快速认证，结合数据共享权限设置，可以在保护隐私前提下实现有效数据共享，推进扶贫数据的流转与共享赋能。

4. 去中心化，精准考核脱贫成效

区块链技术融合乡村振兴战略的新型考核体系，容纳更多主体和渠道，适配更科学、更全面的考核指标，通过去中心化的方式构建信任传导机制，除了支撑传统的自上而下的考核方式，还可以将社会意见纳入扶贫考核中，让人民群众成为扶贫绩效考核工作的打分主体，形成从发现识别、精准帮困、绩效评估、社会评价、工作改进到主动服务的闭环，这样才能够更真实地反应扶贫对象、基层干部的心声，更客观地评价扶贫工作实施效果，实现扶贫工作生命周期全过程可信任、可共享、可溯源，助力建成良好循环体系。

（三）区块链在乡村振兴领域的应用场景

当前，很多地方政府和机构都在探索基于区块链技术的乡村振兴创新模式，形成了基于区块链的扶贫项目管理、扶贫资金管理、扶贫审计核查、脱贫退出管理与自动帮扶等具有代表

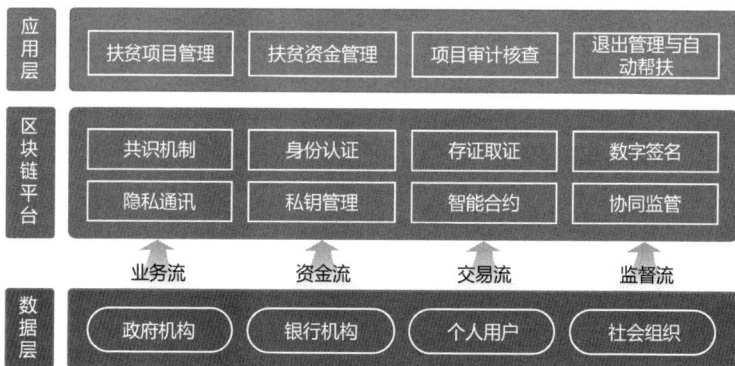

图 9-18 区块链技术在乡村振兴领域的应用场景

性的应用场景，对于全面推进乡村振兴战略有很高的参考价值。

1. 区块链在扶贫项目管理中的应用

随着扶贫工作的政策日益健全、制度日益完善以及信息化支撑作用日趋明显，我国的扶贫项目管理工作也越来越规范，但是项目管理过程中仍暴露出一些问题，集中表现为信息共享不充分导致的扶贫身份识别不精准，项目管理中存在工作人员徇私舞弊修改信息的现象，以及资金分配和管理不透明、社会监督管理不足等问题。

建设基于区块链技术的扶贫项目管理平台（如图9-19所示），通过多方共识技术实现对扶贫对象的身份信息、居住地信息、就业信息、医疗信息、社保信息、银行信息、交易信息等多方信息和数据的上链存储，构建动态调整、全社会共识的

图9-19　区块链在扶贫项目管理中的应用

贫困人口信息数据库，更客观、精准地评估帮扶对象及其需求。政府部门工作人员基于扶贫对象所处的区域环境、致贫原因、贫困类别、合理诉求等全方位数据，能够实现扶贫对象的精准画像与数据共享，高效分析判别扶贫项目的可行性，为帮扶干部团队提供可靠数据支撑，化解基层扶贫过程中的干群矛盾，减缓基层扶贫干部的压力，实现项目审批、实施全流程留痕，减少人为因素造成的信息篡改；同时，对接财政部门、银行的转型资金调配系统，合理有效地分配扶贫资源，实现项目资金分配的透明监管与可信追溯；最后，借助基于区块链的信息公开与共享模块，社会组织可以有效参与到扶贫项目的监督中来，多方协作，持续巩固脱贫攻坚成果。

2. 区块链在扶贫资金管理中的应用

扶贫资金管理是党中央、国务院高度重视的重点工作，近年来，中央相关部门陆续下发《中央财政专项扶贫资金管理办法》《国家乡村振兴局、中央农办、财政部关于加强扶贫项目资产后续管理的指导意见》等政策文件，并多次就加强扶贫资金管理作出重要指示批示，要求优化资金配置，提高扶贫资金使用效率，确保每一分钱都花在刀刃上。实际应用中，政策健全对扶贫资金管理起到了很好的规范作用，但由于扶贫资金体量大、信息量大、高效管理难度高，各级政府对资金的拨付、到账时间不能实时掌握，存在上级单位大量资金沉淀、下级单位无钱可用等现象，且管理过程透明度低、缺少有效监督，影响扶贫资金管理效率的提升。

建设基于区块链技术的扶贫资金管理平台（如图 9-20 所示），充分发挥区块链去中心化、跨链互信的技术特点，融合政府扶贫项目审批链与金融机构资金管理链，有效连通扶贫资金从受助人申请、多级审批、用款指令下达、付款指令下达到金融机构多级审批及拨款全过程，减少不必要的中间环节，确保每一个扶贫项目、每一分扶贫资金都有据可查，实现"点对点"精准投放，降低违法违规使用资金的风险，并为社会监督提供透明可信的数据支持，推进扶贫事业的跨链融合，助推扶贫资金信息共享，实现高效审批、准确投放、流程透明、可靠使用的目标。

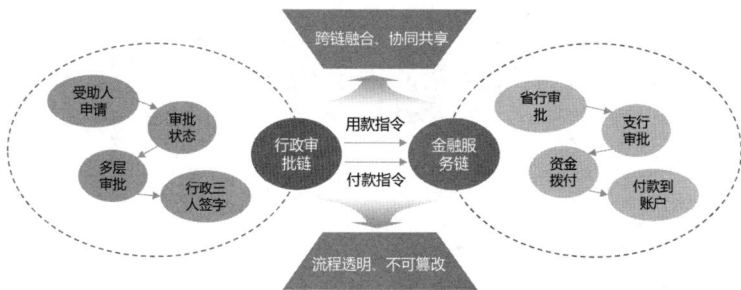

图 9-20　区块链在扶贫资金管理中的应用

3. 区块链在扶贫项目审计核查中的应用

近年来，国家为精准扶贫陆续投入数千亿元的专项资金，扶贫资金使用过程中的合法性、合规性及有效性等问题是全社会广泛关注的焦点。国家审计工作作为党和国家监督体系的重要组成部分，在国家治理中发挥着重要作用。随着信息化技术的快速迭代和业务电子化趋势越来越明显，审计工作产生的数据呈现几何倍增的趋势，面对扶贫文件繁杂、资金申领环境复杂、审计监督不全面不到位等问题，需要借助新技术、新模式来支撑审计工作良好运转。

在基于区块链的扶贫信息多方共识的基础上，将审计系统融入精准扶贫业务体系，财政扶贫资金划拨与调配相关信息会在节点中传递并留痕，能够支撑审计业务从事后审计向事前防范、事中事后提升效能转变。在架构设计上，采用多级联盟链的方式，将我国各级政府的财政预算部门作为区块链核心节

图 9-21　区块链在扶贫资金管理中的应用

点维护财政资金总账，各省政府同时向下维护省内各地市级账本，各地市级政府向下延伸至每一个扶贫项目、每一个用户、每一分钱，这样全面覆盖、分级而治的方式，能够实现全国范围内精准扶贫项目的统筹规划，提高扶贫财政资金审计效率。在审计业务应用上，将财政资金各参与方都纳入区块链系统，获取带有时间戳的全部真实信息，审计人员借助审计预警机制、直接调取区块链账本等方式，降低对辅助证据的需求，提高审计质量和效率、发挥预警作用；当财政资金划拨到扶贫一线后，审计人员通过调取"扶贫情况一览表"和金融机构扶贫财政资金账户的具体交易记录及管理信息等方式，核查扶贫财政资金具体划拨运用的真实合法性和效率准确性，确保扶贫财政资金真正发放到有需要的人手中，从根源上遏制违规行为的发生，降低审计风险。

4. 区块链在扶贫脱贫管理与动态帮扶中的应用

我国脱贫攻坚目标完成后，扶贫工作进入了巩固拓展脱贫攻坚成果同乡村振兴有效衔接的过渡期。在贫困人口大规模减少、城乡人口流动量增大的背景下，贫困对象呈现更加动态、多变、复杂的趋势，也存在因病返贫、因失业返贫等现象，贫困对象需要的帮助也越来越多元化，涵盖物质、精神、教育、医疗、就业等多方面，亟待引进新的技术体系，来健全脱贫后动态检测与治理体系，推进精准扶贫与乡村振兴战略的有效衔接、平稳过渡。

借助区块链技术建设扶贫退出管理及动态帮扶平台，以扶贫对象为基础实现扶贫项目从立项到退出的全生命周期信息的可信存证，通过大数据实时采集+线下工作人员填写的方式健全动态返贫监测机制，并自动启动相应帮扶机制，能够巩固脱贫攻坚成果，守住防止规模性返贫底线。当贫困户按照现行脱贫标准脱贫以后，依据规定程序退出后，其全流程的脱贫管理信息可在区块链技术平台上永久保留，经本人授权、相关部门审批后各救助机构可随时查阅和进行数据共享；若有脱贫户出现因灾致贫、因病返贫等情况，通过"智能合约"等方式自动开启帮扶模式，实施致贫返贫风险预警机制，同步链接医疗、教育、民政等多部门进行及时跟踪和帮扶，降低返贫率；在实施扶贫考核时，纳入扶贫对象、各级干部、相关监管部门、金融机构、审计机构、社会公益组织等相关方，多维度、全方位评估扶贫效果，提高扶贫考核的公开性、透明性和精准性，持续推进脱贫地区乡村振兴。

图 9-22　区块链在扶贫脱贫管理与动态帮扶中的应用

（四）总结与展望

从实施精准扶贫方略，到形成中国特色脱贫攻坚制度体系，从支持和鼓励全社会采取灵活多样的形式参与扶贫，到在抗击新冠肺炎疫情斗争中对脱贫攻坚进行再动员、再部署，一系列具有原创性、独特性的重大举措，为打赢这场人类历史上规模最大、力度最强的脱贫攻坚战提供了有力保障，"三农"工作成功过渡到全面推进乡村振兴阶段。

目前，区块链技术与乡村振兴的结合仍属于探索初期，随着"后扶贫时代"扶贫目标的转变和脱贫环境的变化，将面临更加复杂的扶贫治理问题，区块链等技术在扶贫、救助等民生服务领域的推广应用仍需要拓展和沉淀。通过构建基于区块链的乡村振兴路径与关键机制，推动精准扶贫与乡村振兴的快速、有效融合，进而加速乡村治理体系与治理能力建设，助力乡村振兴战略实施。

1. 推进乡村振兴与前沿技术的深度融合

基于"三农"领域覆盖面广、条线众多、资金量大、用户量大、管理需求高等特点，充分发挥区块链去中心化、多方共识、可追溯等技术优势，积极融合大数据、AI、物联网等新一代信息技术，加强新技术融合创新，推进扶贫资源全方位嵌入、贫困人口精准识别、扶贫过程精准治理等，降低区块链开发和使用门槛，实现乡村振兴方法论与区块链技术运用同向同行。

2. 探索区块链扶贫的合规监管与治理

探索数据空间合规治理，研究设计事前、事中、事后链上内容审慎监管方案，助力资金审批流程灵活配置、扶贫资金管理高效与透明、审计监督效率提升等，健全扶贫全流程、全要素的安全合规监管，最终实现精准扶贫面向社会大众的公开透明、共参共管、共治可追溯。

第十章　促进生态绿色友好

　　生态文明建设，功在当代，利在千秋。党的十八大以来，习近平总书记非常重视生态文明建设，曾在多个重要场合反复提及。2021年4月30日，习近平总书记在主持中共十九届中央政治局第二十九次集体学习时强调："建设生态文明、推动绿色低碳循环发展，不仅可以满足人民日益增长的优美生态环境需要，而且可以推动实现更高质量、更有效率、更加公平、更可持续、更为安全的发展，走出一条生产发展、生活富裕、生态良好的文明发展道路。"[①] 本章节选取环保、"双碳"、能源三个典型领域，介绍区块链技术在促进生态绿色友好中的应用探索。

一、区块链+环保

　　随着我国经济社会的快速发展，以及工业化和城镇化的深

[①] 《习近平谈治国理政》第四卷，外文出版社2022年版，第361页。

入推进，人民生活水平大幅提高。人们日益增长的生产、生活活动带来了大量的资源、能源、物质消耗和废弃物排放，为环境带来巨大压力，生态环境问题已经成为人类面临的严重挑战。加强环境保护是发展所需、民生所盼。党的十八大以来，"绿水青山就是金山银山"的发展理念越来越深入人心，兼顾经济发展与环境保护已成为社会共识。国家高度重视生态文明建设和生态环保领域改革创新，相继修订并颁布了《中华人民共和国环境保护法》《中华人民共和国环境保护税法》《中华人民共和国水污染防治法实施细则》等一系列法律法规，生态环境部在 2019 年发布的《关于深化生态环境科技体制改革激发科技创新活力的实施意见》中指出要激发科技创新活力，切实发挥科技创新在打好污染防治攻坚战和生态文明建设中的支撑与引领作用，加快推进生态环境治理体系与治理能力现代化。积极探索新一代科学技术在生态环境中的应用，是增强国家环保科技力量的最佳选择，也是解决生态环境发展的有效方法。

区块链技术作为新一代信息技术领域中的核心技术，其分布式、公开透明、不可篡改、集体维护等特点，为环保行业带来了颠覆式的改变，区块链为环境保护领域提供开放而丰富的接口，为各方对环境数据和资产的共享、流转、分析、交易和监管提供服务，充分挖掘环境数据和资产的巨大价值，形成全球范围的绿色生态价值网络，把单纯依靠强制和处罚模式，转变为权利和义务相结合、监管和激励相促进的环境保护新模式，推动人类社会和生态环境的可持续发展。

（一）业务现状及痛点

在习近平生态文明思想的引领下，我国先后出台了"大气十条""水十条""土十条"以及《农村人居环境整治三年行动方案》等政策措施，定制了环境保护管理制度，全方位推动我们进行美丽中国建设。"十三五"期间，生态环境保护各项工作都取得了积极进展，全国生态环境9项约束性指标和污染防治攻坚战阶段性目标任务圆满完成，生态环境质量明显改善，人民群众生态环境获得感显著增强，厚植了全面建成小康社会的绿色底色和质量成色。随着环保工作不断深入，新阶段下的环保工作仍存在一些问题。

一是环保部门和其他相关部门数据共享困难、环保数据真实性难以保证。2016年2月，我国环境保护部发布了《生态环境大数据建设总体方案》后，各省市、地区纷纷建立了生态环境管理大数据平台，一定程度上解决了环保数据共享的问题。但各数据平台仅限于企业内部、局部区域的共享，而跨多区域、跨行业的数据共享暂未实现，平台数据的真实性、有效性、完整性无有效的技术手段保障。

二是技术手段有限、奖励激励机制不完善，公众主动参加环境保护积极性不高。近年来，在国家全方位、多角度、渗透式环境保护宣传下，在《环境保护公众参与办法》的推动下，全民环保意识有了很大的提高，也将社会公众参与环境保护推向了高潮。但是由于缺乏有效的技术手段和奖励激励机制，在公众参与环保中，难以做到"信息公开、主动积极参与"和准确披露各类环境信息，公众的环境权利得不到保障。

三是地方政府监管不力，地区环境保护政策执行效果不良。在当前生态环境治理中，中央是生态环境政策的制定者与领导者，地方则是生态环境政策的执行者、生态保护的实施者和责任方。在环境政策执行过程中，地方政府工作人员责任感不强，导致部分地区环境污染治理效果不良。中央采用互联网、大数据等技术，无法监督地方政府对生态环境保护的重视程度，加深对各地区的生态环境治理真实情况的了解，及时发现地方政府在执行中央的决策和部署过程中出现的问题。

（二）区块链技术赋能环保领域

区块链作为一项颠覆性的新兴技术已经上升到国家战略层面，成为数字经济时代信任新基建的重要技术载体。应用区块链底层技术，打造环境保护生态系统，可将环保的一切链接起来，形成一个完整的生态系统，可涵盖资金流转、制造生产、运输配送、污染排放、使用回收等全部流程，可监控每一个环节，减少对环境不利的行为，有效解决了目前环境保护过程中全环节数据共享难、跨领域跨部门协同效率低、环境监管执行不力、民众参与环保积极性不高等问题。

第一，优化环保数据管理，促进数据共享，助力政府科学决策。利用区块链分布式存储、多方共识的特性，打破环保部门之间协同壁垒和数据孤岛现象，对环境质量数据状况进行全流程记录，建立全方位污染记录数据库，分析污染发生的规律和缘由，提高生态环境治理的精准性和有效性，助力政府科学决策。

第二，建立环保激励机制，完善制约机制，推动环境共同治理。针对环境保护的各种良好行为，应用区块链智能合约建立绩效、荣誉、财政、税收及金融等多种激励机制，使得社会公众、企业、政府等积极参与环境保护活动，结合制约机制，在他们积极引导环境保护的同时，制止环境破坏的行为，提升全民环境保护及共同治理意识，推动建设人人有责、人人尽责、人人享有的环境治理共同体。

第三，构建全方位环保电子证据固化，实现环境保护透明监管。利用区块链技术的高效共识机制建立环保监管集群共享通道，使监测证据材料全流程"原装"上链固证、全流程流转留痕，有效提升联勤联动、协同执法效率，实现执法与司法链接，多方参与，互相监督，透明监管。

（三）区块链在环保领域的应用场景

区块链在环保领域中的应用，通过打破行业、领域、部门、上下级之间的壁垒"跨界"合作，解决过去各方数据协作时互不信任的问题，帮助政府、企业、公众社会各界更及时、准确发现企业的环境问题，约束企业环境行为，督促企业成为合格公民，提高群众环境保护意识，协调人类与环境的关系，保护人类的生存环境、保障经济社会的可持续发展。随着区块链技术应用水平的提升，"区块链+环保"势必会迎来更多的应用场景落地。目前已开展了区块链在排污交易权、环保税征收、环境治理、垃圾分类等场景的应用。

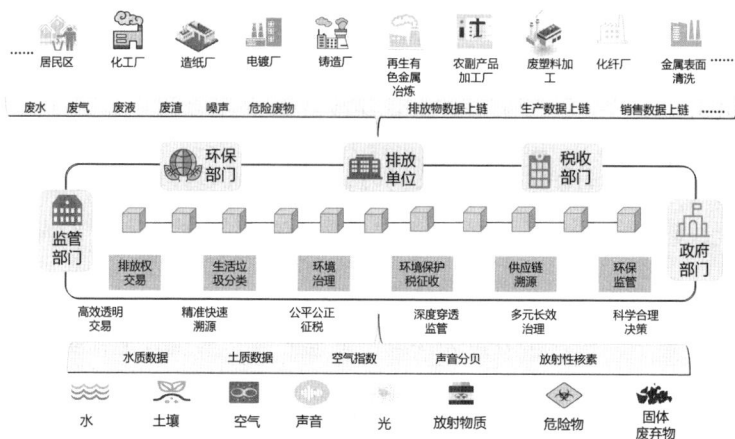

图 10-1　区块链技术在环境保护中的应用

1. 区块链在排污权交易中的应用

排污权交易在我国的试点实践已经走过了 30 多年，然而在实践中却存在着交易程序复杂、交易成本高、中小企业的参与门槛较高等问题，成为数字化时代排污权交易高速发展的痛点。搭建基于区块链的排污权交易平台，排污单位和地方政府部门通过区块链身份认证获取公私钥对和身份证书，在排污单位参与交易的过程中，通过智能合约实现对排污单位的准入资格、排污指标购买申请、转让申请以及交易申请的自动化审核执行；在核算和交易申请中，排污单位和核算方都采用私钥对其提案进行数字签名，以便于政府节点运用相对应的公钥对交易进行验证。排污权交易双方注册信息、交易过程、交易订单、交易审核智能合约等信息全部固化并存在链上，为交易溯源提供安全、真实的信息。

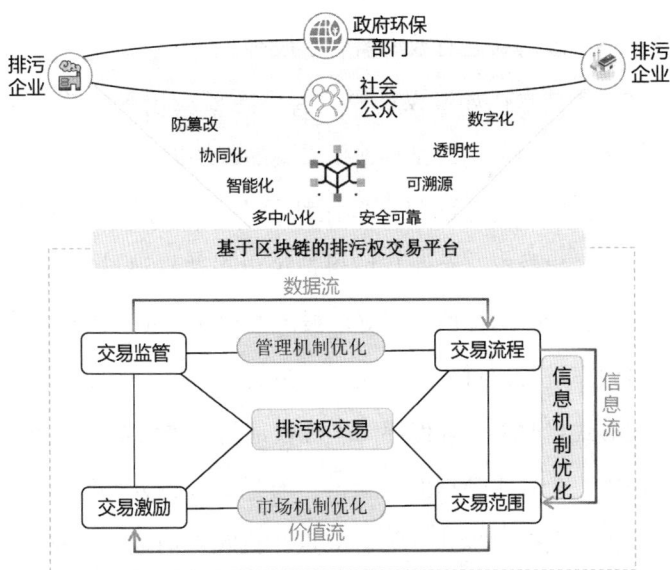

图10-2　区块链技术在排污权交易中的应用

区块链技术在排污权交易中应用，以信息化方式传播、验证及执行智能合约，简化交易程序，降低企业交易成本和政府部门的管理复杂度，促进不同区域的排污单位之间排污指标的交易，增加交易机会，提高交易效率，提升市场交易的活跃度，提高排污企业的交易积极性，进而优化环境资源配置。

2. 区块链在环境保护税征管中的应用

自 2018 年 1 月 1 日中华人民共和国环境保护税法正式实施以来，其规范性和引导作用逐步彰显，但这个过程中也出现许多问题，集中表现在纳税人遵守相关规定能力不足，出现偷税漏税行为，环保部门和税收部门跨部门协同困难，税收征管效率不高、政府缺乏有效的监管手段等。

区块链技术在环境保护税征管中主要应用区块链分层结构，排污企业内部构成排污数据采集的区块链平台，将仓储部门、生产部门、财务部门设置区块链节点，将原材料领用数据、生产产出数据、企业环境保护税申报数据通过节点上传，利用智能合约，与提前设置好的投入产出比、生产过程中产生的废料比率进行比对分析，获得排污真实数据。企业外部通过联盟的形式将政府、环保部门、税收部门、排污企业等相关部门建构成一个税收管理的联盟链，通过企业内外部链接节点，将企业排污数据同步到联盟链节点，税收部门通过数据分析，应用自动执行的智能合约来计算企业应征税收；环保部门通过排污数据分析，对排污类别、排污分布、排污量等信息进行统计，并制定针对性环保策略，对严重污染环境的企业进行专项控制；政府部门通过联盟链可视化地对保政策、税收政策执行进行监管，并通过数据分析制定国家政策。

区块链在环境保护税征管中的应用，第一，能减少企业偷税机会，污染物排放后产生多结点反馈的信息，利用区块链技术的信息不可篡改、可追溯性特征，增大了观测数据量、提升了数据准确程度，解决了污染物端口测量不准确的问题，一定程度上抑制了企业"深夜排放"的行为。第二，通过对建立在智能合约之上的内部数据对比分析，加强了企业内部不同职能部门之间的沟通合作，降低了企业内部人员舞弊的风险。第三，依托于区块链技术的一致性原则，将企业生产及排放数据进行对比分析有助于监督企业依法设置正常的排污管道，防止利用"地下管道""隐蔽管道"排污情况的发生。第四，各企

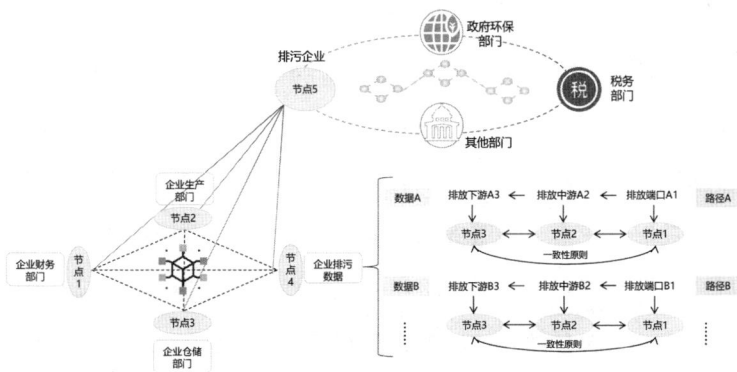

图 10-3　区块链技术在环境保护税征管中的应用

业数据通过分布式账本的方式在政府部门间共享，有利于提高政府部门办公效率，降低监督成本，提高监督效果，同时防止由于处于地区龙头地位的企业与地方政府关系密切而采用的"特殊制度"对其他企业造成不利影响。

3. 区块链在环境生态监管中的应用

加强环境生态监管是深入打好污染防治攻坚战的重要任务。随着互联网、大数据等现代信息技术在生态环保中的应用，我国环境生态监管取得了良好成效。然而，由于环境生态监测具有范围广、数据量大、用户多等特点，以及受监测技术具有局限性和环境执法制度不完善的影响，在环境生态监管中存在电子化证据易丢失、易篡改、调查取证难、司法鉴定难、执法成本高、协同效率低等问题。

应用区块链技术，打造"协同+信任+共享"的环境生态监管平台，构建发改委、能源局、环保部、司法部、检察院等协同监管联盟链，实现了对污染源、水环境、空气环境、生态环境等信息感知、可信传递和处理，可为企业提供一站式环保数据采集、分析、监测、预警、存证等服务，为检察院环保诉讼场景提供线索收集服务和可信数据支撑，可为环保局等监管单位提供监管服务。平台将司法证据规则、数据采集规则、环境保护实施政策前置，并融合物联网、大数据等技术，连接环保数据源头的采集终端设备或系统进行实时采集，并在联盟链节点实时上链固证，使监管数据从终端接入到产生、收集等全流程实时留痕可追溯，同时将相关数据加密存储在司法部门节点，保障监管数据全生命周期安全可信，实现信息全链路可信可查验、全节点共享安全可流转。

区块链技术在环保监管中的应用，充分落实了环境保护体系建设的总体思路，实现了环境保护源头严防、过程严管、后果严惩的成效。一方面，有效解决了环保监管及案件处理过程中电子数据取证难、易丢失、易伪造的天然缺陷，对企业排污电子数据提供更安全、更透明、更合规的全生命周期管理，实现环境诉讼案件中"事后取证难"向"同步存证易"的重大转变，促进环保监管执行更公正、更经济、更高效；另一方面，将环境保护相关政策前置，对排放企业潜在的环境违法行

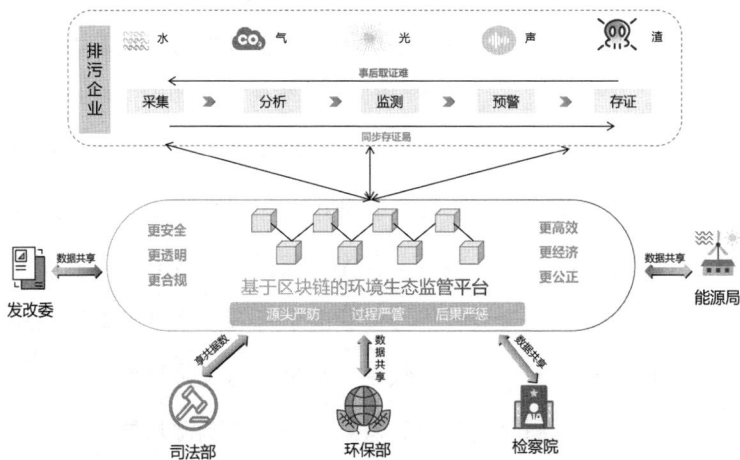

图 10-4　区块链技术在环境生态监管中的应用

为进行预警，提醒排放企业及时整改，极大提高了企业环境自治的效率，有效避免了生态环境事后保护的弊病。最后，通过多个环保相关部门的构建联盟链数据共享，实现了环保监管方面的多方协同，提高了环境监管效率，降低环境监管成本，增强了生态环境监管数据的统一性和有效性，降低了生态环境监测造假行为的出现。

4. 区块链在垃圾分类中的应用

2017 年 3 月 18 日《生活垃圾分类制度实施方案》正式实施，生活垃圾按照"可回收垃圾""有害垃圾""厨余垃圾""其他垃圾"的标准进行分类。投放未分类垃圾和未投放到指定垃圾桶内的垃圾，投放人则要接受相应的处罚。由于我国人口基数大，地域范围广，很难从根本上进行垃圾分类的全治理。区块链天然适用多方协作场景，垃圾分类需要监管者、普通民众、垃圾回收运输系统、处理系统等多方共同配合协作，区块链与垃圾分类产业具有结合的前提条件。应用区块链技术构建社区、减量中心、资源回收利用公司、环保集团以及政府等各类主体之间一条联盟链。首先，通过在垃圾分类回收硬件上安装识别器，在垃圾收集点安装电子标签，实现对垃圾收集点垃圾的收集时间、地点、频率、数量等情况进行监管并记入区块链数据库，同时，利用联盟链各节点的溯源功能，建立统一分类的标准和回收流程体系。通过接入区块链网络，实现各参与方的信息透明，从而实现对分类的全程追踪；其次，基于链上数据情况，建立积分正向激励机制与惩罚制度，居民积极配合垃圾分类可以获得垃圾分类积分激励，积分可在社区线下实体店或线上网店中，兑换生活用品，且积分永不会消失。

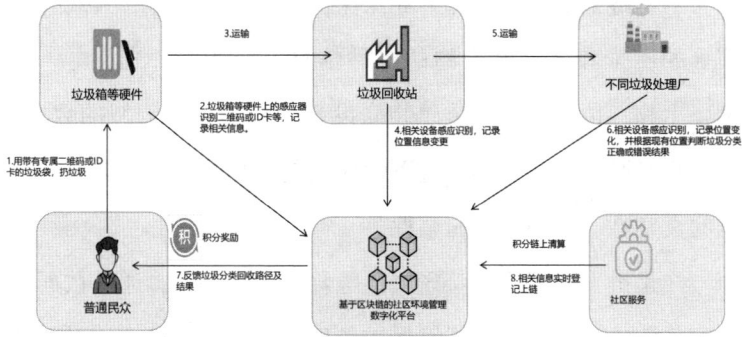

图 10-5　区块链技术在垃圾分类中的应用

区块链赋能垃圾分类应用，将原有的提倡、引导甚至政策干预等方式，转变成通过内生的激励体系奖励民众的垃圾分类行为，使民众主动校正自身行为，并通过积分激励机制介入产业前端收集后，帮助政府提升城市治理效率，也能帮助企业迅速整合资源，快速获得市场份额；通过联盟链，加强了产业链上相关主体协作效率，政府部门通过链上数据分析，针对不同区域生活垃圾产生情况，制定合理有效的回收处理计划，实现精细化管理。

（四）总结与展望

新时代的环境保护已经在向数字化、智能化、网络化方向前行，区块链技术已经在环境保护行业看到良好的态势和前景，但是区块链技术要在环境保护中得到进一步应用还需要解决以下问题。

一是链上数据真实性。环保保护需要感知水体、大气、土壤等的质量和多种污染物的多种信息，应用声、光、电、化学、生物、位置等多种传感物联设备，采集各个领域的数据，结合物联网技术构建链上链下信任机制，从源头上保证原始数据的真实性、准确性、完整性。

二是链上数据价值。区块链融合大数据技术，通过数据的整理、清洗、分析获得环境保护各环节间的紧密关系，对环境保护政策指导、重点领域治理、环保宣传等起到指导性作用；企业可以通过大数据分析，科学合理制定企业环境保护方案，也可以通过大数据模型预测企业对环境带来的危害，帮助人们更加全面地认识环境保护的方方面面，有利于环境保护的治理。

三是区块链的吞吐率低，区块确认时间长。随着区块链在环保领域中的深入应用，海量用户将会参与到环境保护的各个方面，多方协同，共同环保，选择满足环保业务需求的广播通信、信息加解密、共识机制、交易验证机制等技术，是解决区块链吞吐量低、确认时间长等问题的必然选择。

四是区块链技术潜在风险。从区块链技术的应用角度来说，技术的可拓展性是否可以满足海量环境数据存储的安全性要求，均影响着技术的应用。

全球的环境保护问题已经得到空前的重视，世界各国采取不同的措施来改善环境质量，目前也取得了阶段性进展。中国通过采用云计算、物联网、人工智能、大数据、区块链等新技术推进清洁生产和环保产业发展，积极改善中国环境，实现与国际接轨，为保护地球环境担当重责。

二、区块链+"双碳"

我国是全球最大的发展中国家和碳排放国，处在工业化和城镇化快速发展的阶段，经济增长快，能源需求大，以煤为主的能源体系和高碳的产业结构，使我国碳排放总量和强度呈现"双高"。2019 年碳排放量占全球的比重达到 29%，其中，能源活动碳排放 98 亿吨，占全社会总量的 87%。

2020 年 9 月，习近平主席在第七十五届联合国大会一般性辩论上发表的重要讲话中提出"二氧化碳排放力争于二〇三〇年前达到峰值，努力争取二〇六〇年前实现碳中和"①。此外，2021 年《中共中央　国务院关于完整准确全面贯彻新发展理念做好碳达峰碳中和工作的意见》《2030 年前碳达峰行动方案》相继发布，对确保如期实现碳达峰、碳中和作出全

① 《十九大以来重要文献选编》（中），中央文献出版社 2021 年版，第712 页。

面部署，充分彰显了我国推进绿色低碳转型和高质量发展的巨大勇气，也展示了我国积极参与全球气候治理的大国担当。当前中国为落实"双碳战略"，已有众多切实行动。2021 年 7 月 16 日，全国碳排放权交易市场在上海环境能源交易所正式上线，这是我国以市场机制控制和减少能耗，进而控制温室气体排放，实现碳中和目标的重要举措。

在国家创新驱动战略的推动下，新兴科技正在以史无前例的速度在各个领域融合渗透。区块链技术作为"信任的机器"，因其独特的优势，在碳排放数据可靠性证明、留存、共享方面有着不可替代的优势，必将成为企业参与碳排放交易、国家进行碳中和工业生产管理的有力工具。

（一）业务现状及痛点

随着全球气候的不断变化，二氧化碳的排放成为全球各国关注的焦点，我国也高度关注碳排放带来的不利影响，将低碳与节能减排、环球保护结合起来，并在 2020 年正式提出了"双碳"目标，接连发布了一系列政策，将"减碳"工作提升到了新的战略高度。2021 年 9 月，《中共中央 国务院关于完整准确全面贯彻新发展理念做好碳达峰碳中和工作的意见》中明确提出，加强绿色低碳重大科技攻关和推广应用，强化基础研究和前沿技术布局，加快先进适用技术研发和推广。然而在"双碳"业务推进过程中，目前仍存在以下痛点亟待解决。

1. "双碳"市场多主体身份认证效率低、数据确权难

在"双碳"任务推进过程中，节能减排工作涉及绿证交易、绿电交易和碳排放权交易三类市场，这三类市场涉及多个市场主体，在开展相关交易和数据统计前需要分别对这些市场主体进行身份认证，然而目前的身份认证存在认证方式单一、认证效率低且维护成本高等方面的问题。同时在碳排放量统计过程中，为避免重复核算需要对碳排放数据进行确权。

2. 碳排放数据核算难

当前我国产业结构多样，能源结构单一，虽然新能源占比不断提升，但煤炭仍然是主要能源，2020年全年能源消费总量49.8亿吨标准煤，煤炭占能源消费总量的56.8%，煤电仍然占据主要发电地位，同时我国高能耗、高排放产业仍占据较高比例。为保证碳中和、碳达峰目标的实现，一方面需要降低产业能耗，优化碳排放的方式，控制碳排放量；另一方面需要通过采取碳捕捉、封存等技术和碳汇方式减少碳排放量，在这个过程中，碳排放数据核算的准确性、完整性，各级碳排放数据汇总的一致性极为重要。然而目前我国尚未建立起统一规范的碳排放计量体系和统计核算体系，无法从宏观层面统筹国家各省区、地级市、县以及工业园区等的碳排放统计核算。

3. 碳排放监管能力不足

"双碳"任务艰巨，需要统筹规划碳排放数据的指标分配和整体完成情况，对于各省市、各行业、各环节指标完成情况的实时监测和考核也尤为重要。目前碳排放数据的采集尚未建立统一的数据采集方法和标准，针对重点企业、重点产品也尚未建立全生命周期的碳足迹标准，采集碳排放相关数据的过程中还可能存在数据篡改、数据造假的情况，难以对企业碳排放进行完整、准确的实时监测和全过程全环节追踪，从初始数据采集到最终汇总，在数据上报的每一个环节都可能出现监管漏洞，碳排放基础数据支撑能力不足，导致对碳排放监管能力不足，从而进一步影响第二年的碳排放额分配，也导致最终汇总的数据缺乏权威性和客观性，影响碳达峰碳中和整体目标的实现。

4. 碳金融市场不活跃，用户参与度低

碳交易市场就是碳排放权交易市场，政府制定相关减排目标，实行配额制度，将排放权放给交易体系中的一级交易主体，同时这些排放权也可以在二级市场进行自由交易，环保措施完善、排放量少的企业会将多余的碳排放权投入市场交易，而减排成本较高、排放量不足的企业会通过购买碳排放权来降低企业减排成本。通过碳交易，不同交易主体可以进行资金、技术的交互，从而促进节能减排、经济结构的调整。我国自

2011 年起在七个试点省市探索碳交易机制，试点碳市场多年现货交易数据显示，碳市场存在交易量过低、市场不活跃、碳价格的市场化属性体现不明显等问题。2021 年 7 月 16 日，全国碳排放权交易市场上线交易，地方试点碳市场与全国碳市场并存。但碳交易市场的交易主体分布较为分散、交易价格信息十分零碎、准确程度较低、碳金融产品单一等，都不利于碳金融业务的开展和碳经济的发展。

（二）区块链技术赋能"双碳"领域

区块链技术在双碳领域应用的探索过程中，其具备的去中心化、防篡改、可追溯、全程留痕等技术特点，与破解"双碳"事业中碳排放数据核算难、数据追踪难、监管难、碳金融市场不活跃等难题有着天然的契合点，这也成为作为新兴信息技术的区块链应用于"双碳"领域的内在动力。

图 10-6 区块链技术在"双碳"领域的应用

1. 多方共识，为市场主体提供可信的身份认证

利用区块链多方共识、分布式存储特性，结合国产密码、电子签名、区块链智能合约等技术，通过区块链密钥生成机制，形成包含存证编号+用户信息+公钥的完整区块链身份凭证信息，背书用户身份和公钥的绑定关系，为市场主体进行便捷可靠的身份认证、安全接入服务，解决 CA 机构复杂缓慢的审核方式，替代目前 CA 数字证书认证方式提供有效途径。这一方面可大幅提高身份认证效率，另一方面可大幅降低身份认证和用户管理成本。

2. 上链数据不可篡改，保证核查数据真实可信

将碳排放各环节数据全部实时上链存证，利用区块链技术分布式存储、时间戳特性确保上链数据的不可篡改，一方面保证整个碳排放数据的准确性，避免数据的漏报、误报、虚报，防范数据造假；另一个方面确保各层级各环节数据核算结果的一致性，解决各方信息不对称的问题，做到整个碳排放流程的高度透明，从而有效解决碳排放过程中可能存在的信任问题，确保核查数据的真实可信，也便于国家层面实时掌握各行业各地区节能减排目标完成情况，宏观层面及时调控。

3. 数据可追溯，提供可信的监管环境

利用区块链智能合约预设固化数据上报模板，统一各环节上报数据标准，便于后期数据的统计和核算。同时由于对各环

节碳排放数据都进行了实时上链存证，可借助区块链对重点企业建立全周期的碳足迹标准，实现碳排放数据的全流程追踪与审计。通过分布式共识多方共同维护，保障碳排放数据可信共享，监管机构可随时查看重点行业、重点企业及各地方碳排放指标的下达和完成情况，避免信息不对称造成的监管困难，为各级监管机构提供可信、可靠、可视的监管环境。

4. 智能合约自动执行，为发展碳金融提供可靠市场环境

通过使用区块链智能合约，预设碳金融业务中各种产品的交易达成条件和要求，一旦交易双方满足条件，合约自动执行，有利于提升交易效率，规范交易流程，提升交易准确度，降低交易管理成本，避免人工参与可能带来的负面影响。链上参与主体身份可信，交易全过程上链可查，可一定程度上避免虚假交易和交易纠纷。为碳交易市场提供更安全、高效、经济的市场环境，有助于促进市场主体参与交易的积极性，激发市场活力，也为碳金融产品的丰富多样提供市场环境。

（三）区块链在"双碳"领域的应用场景

区块链以其分布式存储、防篡改、可追溯等特性可在"双碳"领域发挥价值，依托其已有建设和应用成果，可为新能源消纳、打造零碳工业园区、碳资产交易、绿电溯源、共享储能等场景落地应用提供支撑，全面助力我国"双碳"目标实现。

图 10-7　区块链在"双碳"领域的应用场景

1. 新能源消纳

"双碳"目标时间线轮廓清晰，构建清洁低碳高效安全的能源生产和消费体系是必然趋势。2021 年 10 月《中共中央国务院发布的关于完整准确全面贯彻新发展理念做好碳达峰碳中和工作的意见》中提出积极发展非化石能源，实施可再生能源替代行动，大力发展风能、太阳能、生物质能、海洋能、地热能等，不断提高非化石能源消费比重；构建以新能源为主体的新型电力系统，提高电网对高比例可再生能源的消纳和调控能力。发挥区块链分布式记账、可追溯等技术特性，就每一个消纳责任主体可再生能源电力消纳生成数字化消纳凭证，未完成消纳权重的责任主体可向超额完成消纳的责任主体购买消纳凭证，由政府、电力交易中心等多方主体共同监督交易活动，利用区块链技术增加凭证的权威性，实现全程溯源，解决凭证核发流程烦琐的问题，可防止虚假交易和重复交易，促进新能源电力消纳。

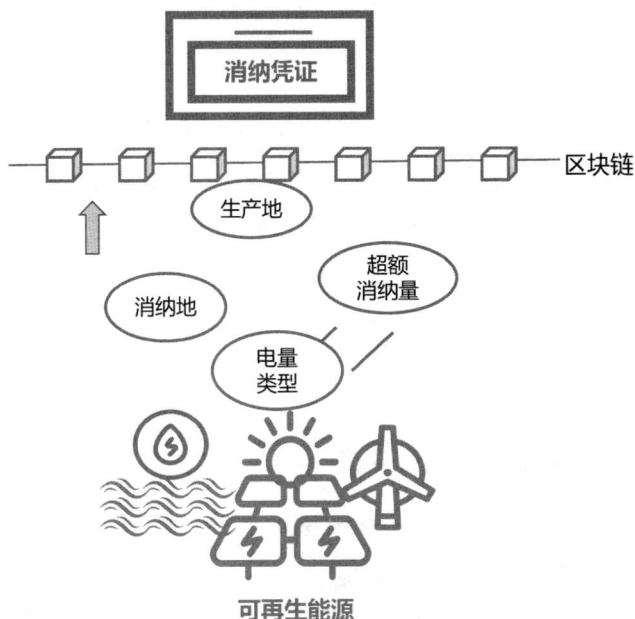

图 10-8　基于区块链的新能源消纳

2. 打造零碳工业园区

公开数据显示，工业园区碳排放约达全国总排放量的31%，因此促进工业园区的低碳发展对全国实现"双碳"目标至关重要。搭建基于区块链的碳排放监测平台，利用区块链实现碳监测、核算、报告、认证全流程上链存证，根据采集园区油、气、电、热等能源数据，对园区各类能源消耗和排放源进行统一核算，完善、深化园区碳核算体系，利用区块链为开展碳足迹追踪提供碳排放溯源服务，利用区块链智能合约提供碳中和交易撮合服务，由此盘活工业园区内企业碳资产。通过区块链技术对工业园区碳排放进行管控，建立高效的园区内碳排放数据监测和管理体系，对园区各类能源、能耗、碳排放数据进行监测汇聚，实时掌握园区碳排放数据和指标达成情况，为园区实现碳足迹溯源、碳排放数据核算及管理提供基础数据支撑，促进园区向零碳园区快速发展。

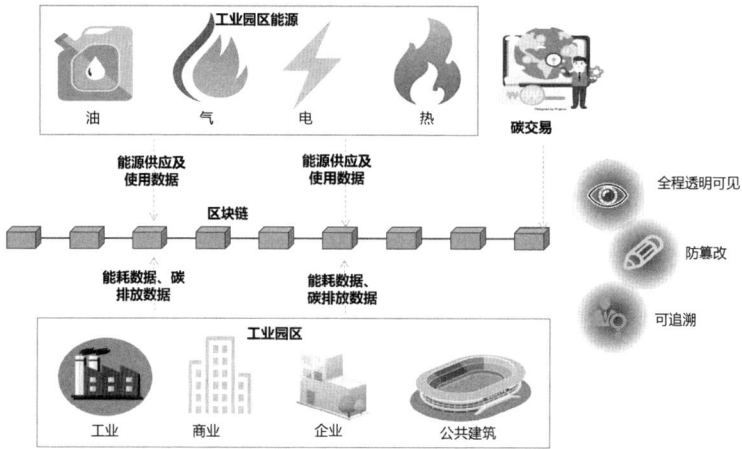

图 10-9　基于区块链的低碳工业园区

3. 基于区块链的碳资产交易

为了控制碳排放总量，国家给不同地区、不同企业分别分配了一定的二氧化碳排放额度，对各个单位在一定考核周期内允许的最大二氧化碳排放量作出了限制，由于不同企业采取的减排措施不同，有的企业二氧化碳排放额度有富余，而有的企业则严重不足，受排放额度的限制只能通过向有剩余碳排放额度的企业购买，所以碳排放演变成了一种高价值的"资产"。2021 年 9 月，中共中央办公厅、国务院办公厅印发的《关于深化生态保护补偿制度改革的意见》中提出，加快建设碳排放权交易市场，健全以国家温室气体自愿减排交易机制为基础的碳排放权抵消机制。针对当前我国碳交易核算难、监管难、考核难等问题，利用区块链技术打造多方共建、灵活互动的碳资产交易模式，聚合产业链上下游相关信息，实现碳交易从排放权获取、交易、流通，到交易核销、统计的全流程数据上链存储与可信共享应用，打通碳交易环节数据孤岛，支撑政府加快完善碳交易机制，促进碳交易市场的透明化、有序化、便捷化，推动全国碳排放权交易市场建设。

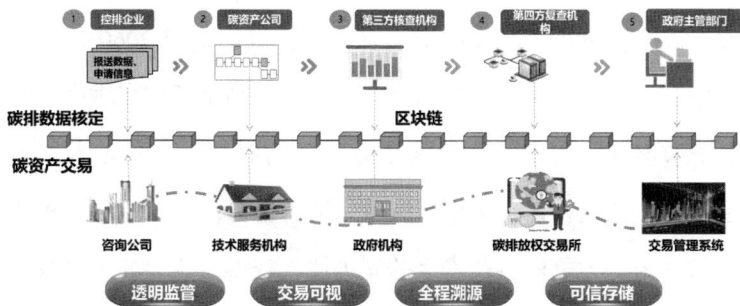

图 10-10　基于区块链的碳资产交易

（四）总结与展望

在应对气候变化的国际大环境下，"双碳"目标的提出战略意义深远。区块链技术可为"双碳"业务提供可视、可信、可靠的监管环境和更安全、高效、经济的市场环境，将在支撑"碳达峰、碳中和"目标实现方面产生极大的应用价值。

1. 国家层面战略部署，机遇与挑战并存

自 2020 年 9 月我国提出"双碳"战略以来，国务院、地方政府先后出台了一系列政策来推进碳达峰碳中和目标如期实现。"碳达峰碳中和"目标实现的过程中挑战与机遇并存，一方面我国还处于产业结构调整升级、经济增长进入新常态的阶段，排放量逐步进入"平台期"，而人均累计碳排放远远低于发达国家，也小于全球国家的平均值，我们追求 2060 年达到碳中和，难度远大于发达国家；另一方面则是低碳减排中涉及各类节能固碳技术，在"技术为王"的时代，谁在技术上走在前面，谁就将在未来国际竞争中取得优势。我国需要积极研究与谋划，力争取得技术上的先进性，获得产业上的主导权。

2. 区块链应用初具成效，可有效支撑"双碳"场景应用落地

区块链作为新一代信息技术基础设施，近两年在国家各部委和地方政策的推动下，在能源、金融、政务等领域开展了众

多场景的落地应用，在技术研发、平台建设、行业应用、成果转化等方面均已取得一定的成效和经验，可为"双碳"领域各类场景应用提供有力支撑。

3. 区块链+"双碳"领域应用前景广阔

"双碳"领域包含节能、减排、固碳等多个业务方向，涉及工业、制造业、交通、建筑等多个行业，涵盖数字身份认证、存证、溯源、监管、数据共享、碳交易等多个场景，拥有非常广泛的应用范围，随着区块链产业的不断发展和"双碳"战略进程的不断推进，可为"双碳"目标实现提供更多的发展前景。

三、区块链+能源

随着国际能源格局和经济发展方式的转变，能源系统日益呈现数字化、网络化、智能化属性，在以风能、太阳能为代表的清洁能源迅猛发展和新能源产业市场化、分布式、随机性、互动性特征日益凸显背景下，数字技术成为能源革命的重要推动力量。2016 年 2 月，国家发改委、能源局、工信部印发《关于推进"互联网+"智慧能源发展的指导意见》，明确了实施能源互联网工作的时间点和路线图。当前，我国能源行业改革进入深水期，处于行业调整结构迫切需求转型升级的关口，深化数字技术与能源产业融合，加速智慧能源、数字能源建设成为我国能源转型发展的重点。

近年来，区块链技术已成为推动能源领域数字化变革的重要技术之一。作为新基建当中的新技术基础设施，区块链与5G、大数据、物联网等技术创新融合，能够促进数据共享，构建分布式智能体系，推进业务协同式发展，特别是面对能源领域企业数量庞大、用户构成复杂、数据安全性、实时性要求较高的环境，更能发挥其技术优势。国家能源局在《2021年能源工作指导意见》中明确提出，探索北斗系统、5G、区块链等新技术新装备在能源领域的推广应用。在国家政策大力支持与能源企业数字化转型的双重驱动下，区块链技术在能源领域获得了越来越多的关注，并已在分布式能源系统、能源交易平台建设、电动汽车充电等场景开展应用，在促进能源互联网和综合能源系统建设，推动能源数字化有序发展方面发挥了重要作用。

（一）业务现状及痛点

当前，能源革命和数字革命加速融合，数字技术在能源领域快速发展和广泛应用，传统的能源供需模式、管理机制、市场体系等能源形态正在发生改变。分布式的新能源、氢能、储能的大力发展，极大改变了传统能源生产格局，电气化、低碳化、清洁化成为主要发展趋势。在能源消费侧，电动汽车普及率提高，分布式光伏、风电等快速发展，用户供需关系日益复杂，用户的用能方式不再仅仅满足于基本使用，而且对能源价格、能源市场灵活性有了更高要求。近些年，我国能源发展取得了巨大进展，为打造新型能源产业奠定了坚实基础，但与新时期能源革命的战略目标相比还有较大差距。此外，由于我国能源资源约束日益加剧、生态环境问题突出，调整结构、提高能效和保障能源安全的压力进一步加大，能源发展面临着一系列问题及挑战。

1. 传统交易机制无法满足新能源灵活交易需求

随着光伏、风电、电动汽车等分布式能源产业的兴起，能源发展结构发生转变，能源供给侧日益多元化，传统集中式决策管理与交易方式，难以适应产业分布广泛、交易随机性强、供需调配复杂的能源发展需求，无法支撑新能源规模化和系统化建设，同时传统集中式能源管理具有成本高、易受攻击且用户隐私难以保障的缺点，造成了能效不高和新型能源消纳难以提升的困境。

2. 行业数据交互与协同效率低，安全性差

能源行业涉及领域广，群体复杂、环节众多，由于企业间信息化发展差异及安全要求，形成了大量的数据孤岛，无法实现企业间以及企业与政府间的信息有效交互，数据在跨领域、跨企业间交换、传输、处理过程中，源头数据真实性缺乏保障、数据信息共享程度不高，协同效率低，制约着能源数字化

智能化发展，影响以新能源为主体的新型电力系统发展。

3. 缺少有效技术手段支撑能源全环节监管与统筹规划

当前，在我国加速推动"碳达峰、碳中和"背景下，缺少有效的技术手段实现对能源从生产、传输、交易、统计等全环节的记录与追踪查询，增加了政府和监管机构的统筹管理难度。

（二）区块链技术赋能能源领域

区块链技术具有去信任化、去中心化以及安全性的技术特点，与清洁能源系统灵活、智能、高效的发展需求非常契合，能够有效助力能源互联网高速发展下的多元协同、智能交易、统筹监管，是支撑清洁能源数字化发展的有效技术手段。

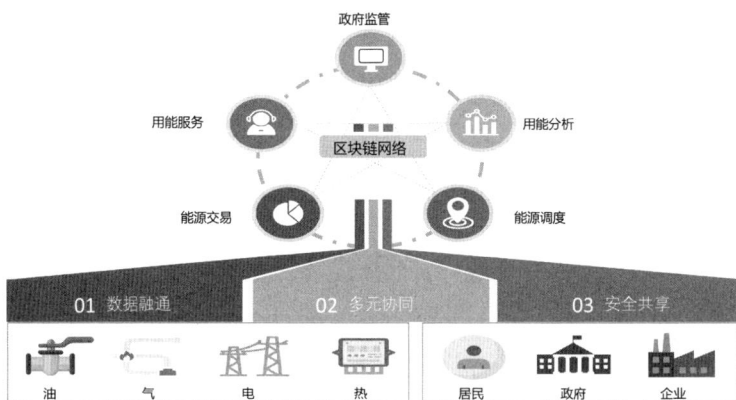

图 10-11　区块链技术在能源领域的应用

1. 区块链技术赋能市场机制优化完善，推动构建智能交易体系

随着我国新能源电力的快速发展，传统的集中式交易模式难以适应新能源电力市场化需求，应用区块链智能合约、电子合同、数字凭证，构建能源用户和能源供应企业之间的便捷交易体系，推动基于区块链技术的新能源交易存证化、数字化、凭证化、资产化进程，实现交易过程数据的可信存储，交易全程可视，交易精准溯源，有效提升交易数字化与智能化水平，提高交易结算、统计、分析效率，构建灵活、智能的新能源市场化交易体系，推动我国新能源的健康发展。

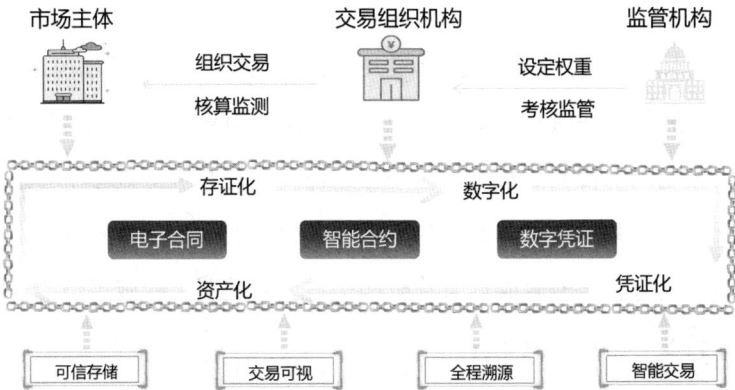

图 10-12　区块链在完善市场运行机制中的应用

2. 区块链赋能行业数据可信共享，提升产业协同效率

以区块链技术为支撑，融合大数据、云计算等信息技术，

赋予能源平台化特征，实现信息能量价值的汇聚和再分配。传统能源之间的行业壁垒将逐渐被打破，数据、技术等生产要素将得到高效流通、共享和复用，市场对资源调配的作用得以充分发挥，进而提升产业协同效率，全力推动能源数字化转型。

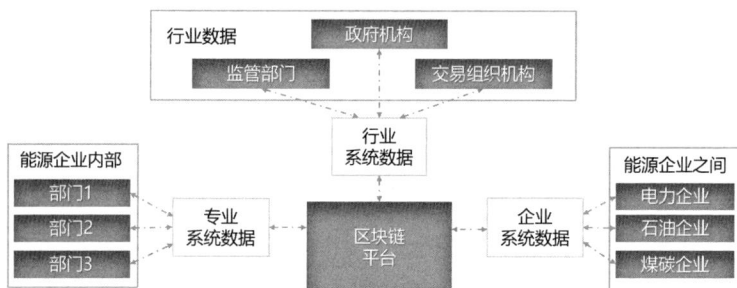

图 10-13　区块链在数据共享中的应用

3. 区块链赋能全链条穿透式监管，营造健康市场环境

利用区块链技术推动能源流、信息流有效流动，使其贯通能源生产、传输、承载、应用全过程，发挥其链上数据不可篡改、多方共识、可溯源的技术特性，提升能源市场监管和行业监管能力，服务政府、监管机构构建公开透明、权威可信、安全高效的市场环境。

（三）区块链在能源领域的应用场景

近年来，区块链技术在能源领域应用已出现众多案例，以国家电网、南方电网、国家能源集团等为代表的能源企业积极

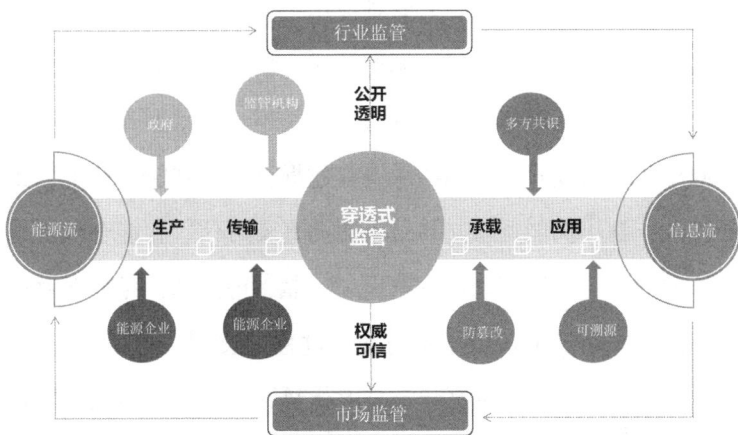

图 10-14　区块链在穿透式监管中的应用

推进区块链在能源行业的探索实践，目前区块链技术在分布式能源交易、绿证资产数字化、供应链金融、碳市场交易、电动汽车充电等场景均有应用。

1. 基于区块链的共享储能应用

共享储能作为储能的一种创新形式，充分利用了共享经济的特点，将电网侧、电源侧、用户侧的所有储能装置视为一个整体，通过不同层级的电力装置相互联系、协调控制、整体管控，共同为某一区域范围内的新能源电站和电网提供电力辅助服务。2020 年 12 月，由国网电商公司、国网青海省电力公司共同建设的基于区块链技术的共享储能市场化交易平台正式上线，该平台将区块链技术引入新能源与电储能辅助服务交易市场，通过集成调峰辅助服务应用、储能交易中心应用、智能调度控制应用、储能电站运营管理应用，整合源、网、荷三侧储能资源，以电网为枢纽将电源侧储能、用户侧储能、电网侧储能资源全网优化配置，设置双边协商及市场竞价形式，创新新能源市场运营模式。利用区块链在数据存证、智能合约等方面的特性，解决储能调峰交易结果数据真实可信、智能合约清分结算的问题，实现储能电站电量的可靠、可溯源，保障电力调峰辅助服务市场中各主体参与交易过程的透明、可信、安全、有效。该平台通过发挥区块链技术优势，支撑共享储能市场有效运行，大大提升了青海省的新能源消纳能力。

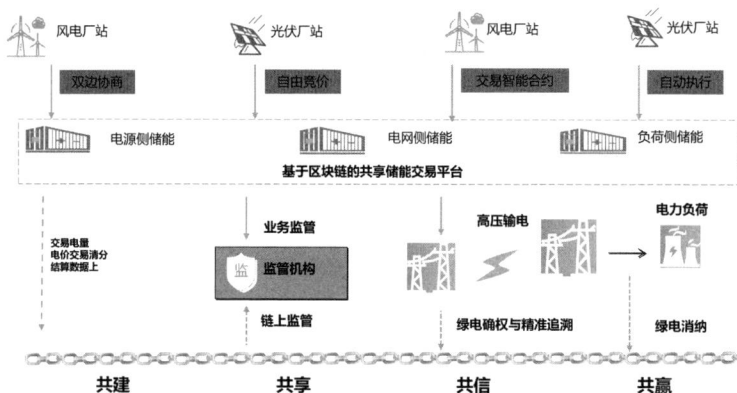

图 10-15 基于区块链的共享储能应用

2. 基于区块链的综合能源应用

综合能源服务以电能为统一载体，以最大限度开发清洁绿色能源为目标，通过集中与分布相结合的双向智能电网，综合调配各种能源的发、输、变、配、用、储全过程。综合能源具有参与主体多、实施业务类型多、业务环节多等特点。基于区块链技术构建涵盖冷、热、电、气、石油各类型节点综合能源区块链服务体系，各节点间采用联盟链的形式实现信息公开互联与可信共享，在保护企业、政府数据隐私的前提下有效实现数据的高效交互。综合能源服务过程中的交易信息分布存储，降低了由于交易信息量大导致交易信息难以查询、信息泄露、交易不可靠以及交易漏洞的风险，由区块链技术支撑下的综合能源服务网络具有匿名性和公开性的双重特点，在助力能源企业由能源供应商向综合能源服务商转变过程中能够发挥重要推动作用。

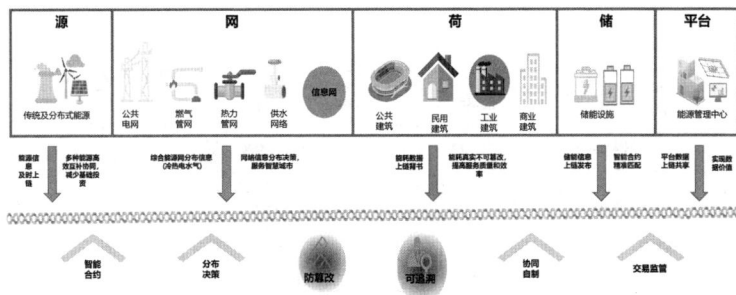

图 10-16　基于区块链的综合能源应用

3. 基于区块链的绿色电力交易

绿色电力交易是指用电企业直接对接光伏、风电等发电企业，购买绿色电能，并获得相应的绿色电力消费认证，是我国促进清洁能源消纳的重要手段。2021 年 9 月，国家发展改革委、国家能源局正式复函国家电网公司、南方电网公司，推动开展绿色电力交易试点工作，并组织北京电力交易中心、广州电力交易中心正式启动绿色电力交易试点。在此次试点中，北京电力交易中心联合国网电子商务有限公司共同打造的基于区块链的绿色电力交易平台，创新设计国内首个区块链绿色电力消纳证明，全面记录绿色电力生产、交易、消费等各环节信息，保证不可篡改，实现绿色电力全生命周期追踪与全流程可视化管理。此次应用为我国绿色电力交易的有序推进提供了技术支撑，同时也为区块链技术在能源领域的深层次应用积累了宝贵经验。

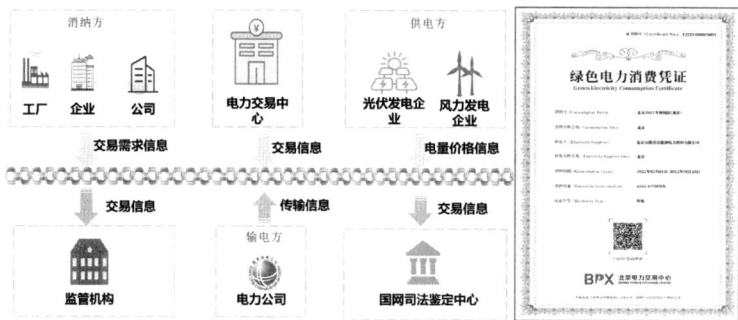

图 10-17　基于区块链的绿色电力交易

（四）总结与展望

随着区块链技术在能源领域应用的不断创新突破，其促进能源行业上下游企业高效协作、优化能源交易模式、强化能源行业监管等作用日益凸显，特别是在分布式清洁能源高速发展、能源交易模式迫切需要转变的环境下，区块链技术越来越受到政府、企业重视。区块链将作为能源行业的信息基础设施，为能源转型注入创新活力，推动能源价值链重塑。在能源领域，区块链具有广阔应用空间和发展前景。

1. 区块链在能源领域的应用将不断深化

能源行业正处于传统一次能源向基于光、风、电等二次能源的转型期，数字化被视作实现传统能源行业转型升级并重新焕发生机的重要驱动力，而区块链基于其去中心化、智能合约等技术构建的创新应用体系，可以实现信息的追溯、安全共享，优化能源领域的供给、输送、消费等领域的流程，有效支撑政府提升监管能力，提高政府与企业、企业与企业之间的协同效率，降低运营成本，推动能源行业向数字化、智慧化迈进。

2. 能源区块链标准体系将不断完善

在政府推动及企业积极参与的双重驱动下，我国区块链标准体系建设已有了一定积累，特别是在参考架构、隐私保护、跨链实施等方面已发布相关标准，随着区块链在能源以及更多领域的不断拓展，未来一段时间，能源区块链标准化建设将进入关键时期，标准研制等工作将加快进程，数据格式、智能合约、业务应用等相关标准将逐步完善，以此支撑核心关键技术创新发展，规范行业应用，促进能源区块链生态建设。

3. 能源区块链产业生态将不断扩展

"区块链+能源"将加速推进煤、油、气、核、新能源等多轮驱动的能源生态建设，利用区块链实现对能源行业的"引流+赋能"，以支撑能源电力业务应用建设作为切入点，聚合并服务政府部门、能源供应者、能源消费者等对象，促进全环节、全要素供需对接和资源优化配置，拉动产业聚合成长，带动产业链上下游共同发展，构建互利共赢能源新生态。

第十一章　促进国际合作走深走实

区块链技术作为新一代信息技术在国际交流与合作方面将有深厚的发展潜力和广阔的发展空间，在讲好中国故事、传播好中国声音、加强国际间文化交流、深化国际合作、构建人类命运共同体等方面，将发挥重要作用。

一、区块链+国际传播

从狭义上讲，国际传播能力反映一个国家控制国际舆论、影响国际受众、操纵目标国政府决策的实力；从广义上讲，其体现的是一个国家经济发展、国际话语方面的实力。国家话语权是国家软实力和国家综合实力的重要体现，话语权的国际表达是维护和实现国家利益与国家安全的重要手段，提升国际传播能力与建设国家话语权紧密相关。

我国在经济快速发展和社会持续进步的同时，需要依托丰富多样的国际传播平台构建我国话语权，表达我国对解决自身和全球问题的理念与政策主张，积极引导国际舆论，主动塑造负责任大国的国际形象。2013 年，《中共中央关于全面深化改革若干重大问题的决定》提出，我国要加强国际传播能力和对外话语体系建设。2016 年，习近平总书记在党的新闻舆论工作座谈会上强调要"增强国际话语权，集中讲好中国故事"①。2021 年，习近平总书记在主持中共十九届中央政治局第三十次集体学习时强调："讲好中国故事，传播好中国声音，展示真实、立体、全面的中国，是加强我国国际传播能力建设的重要任务。"②

（一）国际传播的现状及痛点

党的十八大以来，我国正经历一场广泛而深刻的社会变革。在这个过程中，我国国际传播能力建设可以说是机遇与挑战共存、成绩与问题同在。虽然我国国际话语权和影响力得到了显著提升，但国际传播工作仍然存在不少可改进的空间。

国际传播依赖于有效的内容载体，包括文字、声音、影像等等表现形式及相应的数字产品。在数字时代，数字产品往往成为国际传播的重要支撑，而当前数字产品在国际传播过程中存在着不容忽视的版权问题。版权即著作权，是自然人、法人或者非法人组织对文学、艺术和科学作品依法享有的各项财产权利和精神权利的总称。版权的归属与创作者的创作积极性息

① 《习近平谈治国理政》第二卷，外文出版社 2017 年版，第 333 页。
② 《习近平谈治国理政》第四卷，外文出版社 2022 年版，第 316 页。

息相关，在"讲好中国故事"的过程中往往由于版权不清等问题导致创作者缺乏创作热情，对中国故事、中国声音的国际化传播产生了重要影响。

首先，互联网传播的虚拟性、自由性导致了互联网版权侵权的低成本和无节制，侵权、盗版屡禁不止，从根本上侵犯了原创作者的财产权和人身权，极大挫伤了其创作积极性。正版产品生态环境难形成，严重损害了版权产业健康发展的根基。互联网版权纠纷易发频发，其中的重要原因之一是互联网传播导致的版权关系复杂，版权权属不清晰，确权及维权困难。解决所有版权问题的第一步是确权，因此需要建立规范统一、便捷高效的版权确权体系，明确版权归属，加强版权管理。其次，原创作者在版权产业链中往往处于弱势地位，对其作品的网络传播情况缺乏清晰透明的了解，所得利益与付出不成比例，合法利益得不到切实保障。目前互联网版权产业链缺乏公平、公正、透明的利益分享机制，严重制约了互联网版权产业发展，互联网版权授权、结算不畅，版权利益分配严重失衡，需要一个中立、公正、透明的"事前利益分享机制"，捍卫著作权人合法权益并推动形成完善的产业发展利益分配格局。最后，在互联网环境下作品复制更加便捷、信息传递更加快速，版权侵权呈现隐蔽、频发、海量等特点。在传统纠纷处理模式中，司法诉讼周期长、成本高、举证难，行政投诉启动执法程序困难，导致原创作者面对版权侵权情况维权困难，维权结果不佳或自动放弃维权，因此需要为原创作者提供可靠的维权渠道，有效捍卫其合法权益。

（二）区块链技术赋能国际传播

从数字产品的创作、运用、保护、管理和服务全流程来看，针对原创作者面临的版权确权不清、授权不畅和维权机制滞后三大突出矛盾问题，区块链技术具有分布式记账、多节点共识特性，其"存在性证明"作用可以在一定程度上帮助解决互联网版权权属证明中的原始证据固定问题，也能帮助解决版权交易过程中版权授权链的追溯以及版权维权过程中的侵权证据举证等问题。同时，基于区块链的智能合约也有助于版权规模化交易授权和版权金融服务创新。因此，区块链技术在数字产品版权确权、授权、维权以及原创作品的国际传播方面大有用武之地。

（三）区块链在国际传播的应用场景

1. 版权确权中的区块链应用

版权在原创作品创作完成之时自动产生，版权权属明确且不随其流转状态改变。但目前互联网版权纠纷易发、频发，其重要原因之一是数字网络传播技术与应用形态导致的版权权属证明困难和权利变动关系复杂，使得版权产业环境中版权权属的状态不清晰。

在我国，版权登记是版权确权的专门制度，是依据法律、行政法规及部门规章等规范性法律文件，按照一定程序，由有关机构对版权及相关权利的归属进行确认，并产生相应的法律后果的制度。数字网络环境下，区块链技术将可以证明版权权属的必要、客观的标准化数据哈希值写入区块中，进行不可篡改、不可抵赖的节点记录，共识机制进一步促进版权确权标准化，促进建立规范统一、便捷高效的互联网版权确权机制。在统一版权确权标准机制下，作品在线创作完成或上传至互联网平台时，权利人将其身份信息和其他材料一并提交，通过国家版权登记机构依据数字版权唯一标识符（DCI）标准，自动为该作品版权分配全网唯一的 DCI 码，表明权利人与作品的权属关系，在互联网平台将作品与权利人信息、权利关系等加密数据写入区块上链，其公开透明、不可篡改的属性即可实现版权确权。这种模式可以充分发挥区块链自动化处理、实时上链、数据共识等优势，适应互联网作品海量化和传播快的特点，简便快捷、标准化地标识版权权属，助力实现"内容创作发布即确权"。

以区块链技术推动版权确权标准化，可高效实现"谁在什么时间创作了什么内容"这一完整、一致的数字版权权属事实证明，保障现实世界的权利主体和网络空间的作品之间事实上的一一对应关系。

2. 版权授权交易中的区块链应用

版权授权交易是作品的全部或部分财产权利，通过版权授权许可或版权转让的方式，获取相应的对价，实现版权的经济价值。大到跨国版权输出或引进，小到消费者音乐付费，都属于版权授权交易范畴。

传统的版权授权交易多是线下和分散的，存在供需双方难以匹配、授权不畅等问题。互联网的发展推动了在线授权交易的发展，构造出多场景的版权授权交易灵活机制，但也同样因为权属不清限制了交易达成，造成了侵权多发。区块链的智能合约机制则为实现标准化的自动授权处理、全网实时授权结算、弥散式传播与授权许可同步化等新模式带来了许多可能性。

互联网是典型的平台型经济，平台对海量的内容资源和用户流量的集聚，容易导致垄断版权授权交易和结算，最终将导致产业利益分配失衡。区块链技术可以通过标准的、统一的共识机制建立中立、公正、透明的全网跨链共识的底层版权交易结算公共服务设施，将各平台、各区块链体系跨链连接，从而促进建立公平、公正、透明的"事前利益分享机制"，形成良性的产业发展利益分配格局。

此外，区块链版权公共服务基础设施的建设，可让版权资产更好地实现可交易、可流通、可记录、可验证，让市场充分发现和实现其价值，让内容创造者、所有者、经营者获得应有收益，形成内容产业利益的多维实现和多边共享机制，极大促进产业发展繁荣。未来，以链上形成的权威、公信的版权信息数据为基础，建立起互联网版权信用机制，可以为版权价值评估、版权资产证券化等创新发展提供权威、中立和透明的信用数据支撑。

3. 版权维权中的区块链应用

当前，版权维权问题突出：著作权人及相关权利人在版权侵权维护时往往不具备相应的专业能力，自我举证比较困难；执法层面，因个案启动执法程序往往门槛较高，无法从运行机制上根本解决问题；司法诉讼周期长、成本高，大量的互联网版权纠纷涌向司法机构，造成了司法资源的极度浪费，陷入版权"事后纠纷处理机制"失灵的困局。互联网版权监管机制不完善，也给市场上某些畸形网络版权运营模式提供了牟利空间，"钓鱼式侵权"和"维权式营销"长期大行其道。

通过建立互联网版权保护专门机构，完善我国互联网版权产业监管机构，可将区块链技术与版权监测取证和快速维权机制结合，将大量的版权纠纷解决在司法诉讼之前，建立"版权快速维权机制"。对于少部分进入司法诉讼程序的版权纠纷，可通过区块链数据打通的方式，跨链向司法机关提供版权清晰、证据完整、权威可信的区块链权属证据验证，化解司法机关面临的突出矛盾，构造良性高效的版权产业治理机制和公共服务供给，从而建立起多层次、立体化的版权纠纷解决机制。

具体而言，经过版权确权的作品如发生版权纠纷，权利人可首先申请版权监测取证。DCI 联盟链体系的维权节点以链上确权数据为基础，应用技术手段通过全网定向智能监测，发现并跟踪作品使用情况，智能化固定侵权证据。侵权证据可与确权证据一起作为维权证据包反馈给权利人。在版权监测取证的基础上，权利人还可同时申请版权快速维权，维权节点向侵权方发送通知函，及时制止侵权，遏制侵权损失，并引导双方进行和解，达成合法版权授权交易，从而形成"版权快速维权机制"。在极少数情况下，如侵权方拒不配合，可触发版权执法和司法诉讼等一系列升级措施。以司法诉讼为例，DCI 标准联盟链体系联通司法证据平台，可在版权司法诉讼中帮助当事人提交证据，并帮助法官核验证据。在智能合约应用中，互联网法院甚至能够探索通过智能合约自动协助审批和执行工作。版权快速维权的有效作用，也有赖于标准的全网共识，以及跨平台的协调联动机制的建立。基于区块链构建开放共享的体系，可与各平台、产业服务机构通过链链互连、数据共享，实现"版权维权举证标准化"。

一旦利用区块链解决好版权问题，创作者的积极性将得到有效激发，数字产品将大量产生，作为国际传播的关键载体，数字产品将助力"讲好中国故事，传播好中国声音"，使得中国故事讲得更好，传得更远。

二、区块链+国际合作

国际合作，指国家间为满足各方实际或预期的能力需求而相互调整政策和行为的过程，是国际互动的一种形式。其中，科技合作是国际合作的关键点和突破口。在科技创新全球化发展和开放创新政策的总体推动和要求下，在科技创新工作中积极推动国际科技合作已成为各方共识。国际科技合作的模式包括国际学术（交流）会议、联合建立研究机构（实验室）、合作研究和发表论文、学者访问和交流、技术转移和转让、联合培训、共享网络资源和项目合作开发等。而区块链作为国际共同关注的重要技术创新领域，其在国际合作方面能起到搭建桥梁的重要作用，近年来，以区块链为核心的国际合作也在不断深化。

（一）国际区块链发展现状

从全球范围来看，世界主要国家和地区都在积极布局区块链产业，大多数国家从制定扶持政策和建立监管体系两个方面规范区块链产业。各国在立法、政策制定、发展规划等方面通过多种方式为区块链的发展提供支持，并推出实质性措施促进技术研究和应用，包括专项资金补贴、企业税收优惠等，以抓住区块链带来的发展机遇，促进本国相关领域的数字化发展。

同时通过推出监管沙盒、开展标准规则制定等形式对区块链进行有效监管。

1. 美国区块链发展现状

美国联邦政府和各州政府认为区块链是美国未来基础设施的重要组成部分，从联邦层面和各州层面积极布局区块链技术。2016 年 6 月，美国国土安全部对 6 家致力于政府区块链应用开发的公司进行补贴。2017 年 2 月，美国亚利桑那州通过区块链签名和智能合约合法性法案。同月，美国国会成立了区块链决策委员会，其职能是致力于普及区块链技术、推进区块链监管，解决由区块链技术和网络所带来的问题。2017 年 12 月，时任美国总统特朗普签署了一项 7000 亿美元的军费开支法案，该法案是提升政府 IT 和网络安全系统的法案《现代化政府技术法案》的一部分，其中包括对区块链网络安全性的研究任务，预防区块链技术的潜在攻击以及研究防御网络。美国虽认可区块链技术并鼓励其发展，但是对这种新兴技术一直保持着严谨的监管态度，针对可能存在的监管风险制定了监管构架。美国对于区块链技术的监管依托于各机构之间的相互协作，主要有美国证券交易委员会（SEC）、美国商品期货委员会（CFTC）、美国金融情报机构（FinCEN）、美国国家税务总局（IRS）。2016 年，美国货币管理署（OCC）发布"责任创新框架"以监管区块链及其他金融技术的创业公司。2018 年，SEC 发布《关于数字资产证券发行与交易的声明》，强调监管的重要性。2019 年 7 月，美国参议院商业、科学和交通委员会通过了《区块链促进法案》，共同制定美国联邦层面的区块链定义和相关标准，防止对区块链技术的监管在州级层面碎片化，以更好地推进区块链技术的发展，维护美国在该产业创新创业领域的领导地位。

2. 欧盟区块链发展现状

欧盟各国对区块链技术的态度各不相同，但多数国家也为区块链技术敞开大门。2016 年 3 月，欧洲央行（ECB）在名为《欧元体系的愿景——欧洲金融市场基础设施的未来》的咨询报告中公开宣布，欧盟成员国正在探索如何使区块链技术为其所用。2019 年 9 月，欧盟科学中心在经济合作与发展组织（OECD）区块链论坛上发布《区块链：当前和未来》报告，该报告表明欧盟对区块链技术的关注度上升到政策层面。同月，德国联邦政府发布《德国区块链战略》，希望利用区块链技术带来的机遇，挖掘其促进经济社会数字化转型的潜力。该战略明确了五大领域的行动措施，包括：在金融领域确保稳定并刺激创新；支持技术创新项目与应用实验；制定清晰可靠的投资框架；加强数字行政服务领域的技术应用；传播普及区块链相关信息与知识，加强有关教育培训及合作等。自 2013 年以来，欧盟委员会一直通过欧盟研究计划 FP7 和"欧洲地平线 2020"为区块链项目提供资金。同时，欧盟各国高度重视区块链监管体系的建设。2018 年 4 月，欧盟委员会的 22 个国家签署了一份建立欧洲区块链联盟的协议。该联盟将成为成员国在区块链技术和监管领域交流经验和传播专业知识的平台，并为启动欧盟范围内区块链技术应用做准备。欧盟委员会强调，这一行动将促使欧洲继续在区块链技术的发展和应用方面发挥主导作用。

3. 澳大利亚区块链发展现状

澳大利亚比较注重区块链技术的应用和标准的制定。2017年3月，澳大利亚国家标准局根据国际标准组织的安排，发布了国际区块链标准开发路线图。2017年8月，澳大利亚政府宣布将数字货币交易所纳入澳大利亚交易数据分析中心监管。2019年3月，澳大利亚政府公布了国家区块链战略路线图，表示将加强对区块链产业的监管引导、技能培训和能力建设，加大产业投资力度，增强国际合作，提升产业竞争力。2020年2月，澳大利亚政府发布了《国家区块链路线图》，选择了金融业作为优先发展行业，其他还包括供应链、物流、农业、公共服务、可信身份和智能合约等应用领域。澳大利亚在区块链监管方面已经开展深入探索和研究，在数字身份验证、隐私保护、数据溯源等领域取得了阶段性的成果，并在不断努力创新区块链监管环境。同时，澳大利亚政府在区块链标准领域也开展了一系列工作，澳大利亚《区块链国家路线图》的发布，进一步明确了区块链监管和标准发展方向，将更加有力促进澳大利亚区块链产业的发展。

4. 日本区块链发展现状

日本支持区块链技术创新发展，并积极探索区块链发展道路。2019 年 5 月，日本众议院全体会议表决通过了关于加强对加密货币交易服务商、交易活动监管的资金结算法及金融商品交易法修正案。日本的区块链行业除了比特币的应用，在房产存证、身份认证、供应链金融、清算结算等行业应用领域也有颇多政策支持。

5. 韩国区块链发展现状

韩国主要通过加大财政资金投入等手段鼓励探索区块链技术，全面铺开区块链金融服务试点，争夺亚洲金融科技中心。2016 年，韩国央行在报告中提出鼓励探索区块链技术。同年，韩国金融投资协会牵头，由 21 家金融投资公司和 5 家区块链技术公司共同成立区块链协会，旨在推动韩国布局区块链行业。2018 年，韩国科学和信息通信技术部通过改善陈规来支持区块链初期市场的形成并确保全球技术竞争力，韩国政府将区块链作为税收减免对象，鼓励企业入局区块链领域。同年，韩国互联网与安全局开始全力构建区块链生态系统，选择了物流、能源等 6 个核心行业试点项目，旨在提早激活区块链行业。

（二）我国区块链发展现状

我国对区块链技术发展总体持鼓励态度。习近平总书记强调，要强化基础研究，提升原始创新能力，努力让我国在区块链这个新兴领域走在理论最前沿、占据创新制高点、取得产业新优势。要推动协同攻关，加快推进核心技术突破，为区块链应用发展提供安全可控的技术支撑，加强区块链标准化研究，提升国际话语权和规则制定权。①

早在 2016 年 10 月，工业和信息化部发布《中国区块链技术和应用发展白皮书（2016）》，正式介绍了中国区块链技术发展路线蓝图以及未来区块链技术标准化的方向和进程。2016 年 12 月，国务院印发《"十三五"国家信息化规划》（国发〔2016〕73 号），首次将区块链技术列入国家级信息化规划。2017 年 1 月，国务院办公厅发布的《关于创新管理优化服务培育壮大经济发展新动能加快新旧动能接续转换的意见》（国办发〔2017〕4 号）提出，在人工智能、区块链、能源互联网、智能制造、大数据应用、基因工程、数字创意等交叉融合领域，构建若干产业创新中心和创新网络。随着区块链技术在世界范围内不断引发研究和应用的浪潮，我国政府对区块链技术发展的重视程度也在不断提升。

2019 年 10 月 24 日，习近平总书记在中共中央政治局第十八次集体学习的讲话中指出："区块链技术的集成应用在新的技术革新和产业变革中起着重要作用。我们要把区块链作为

---

① 《习近平关于网络强国论述摘编》，中央文献出版社 2021 年版，第 123、124 页。

核心技术自主创新的重要突破口，明确主攻方向，加大投入力度，着力攻克一批关键核心技术，加快推动区块链技术和产业创新发展。"① 对区块链技术应用前景和发展给予了极大肯定，区块链已上升至国家战略高度。

2020 年 4 月 20 日，国家发展改革委在举行例行新闻发布会时表示，区块链正式位列新型基础设施中的信息基础设施。区块链与云计算、5G 通信、人工智能等信息技术必将有机融合起来，共同构成数字经济和智慧社会的重要基础设施。

从"区块链"首次作为战略性前沿技术写入国家规划，到区块链政策上升到国家层面，我国对区块链的重视程度持续上升。随着我国新基建建设全面提速，区块链作为新基建的新技术基础设施，区块链行业正面临难得的发展机遇。据统计，截至 2021 年 9 月，我国区块链企业已超过 1400 家，产业园区超过 40 个，初步形成较为完善的产业链条。

我国相关监管部门对区块链及虚拟货币的监管思路始终是统一的：积极支持和引导区块链技术的应用与创新，逐渐加强对虚拟货币和各类代币的监管力度，坚决打击虚拟货币相关非法金融活动和非法交易等。中国区块链监管的基本框架已经形成，并且保持着相对稳定状态。由中国人民银行、互联网金融

---

① 《习近平在中央政治局第十八次集体学习时强调　把区块链作为核心技术自主创新重要突破口　加快推动区块链技术和产业创新发展》，《人民日报》2019 年 10 月 26 日。

风险专项整治工作领导小组办公室和中国互联网金融协会及其附属机构主要负责虚拟货币交易、代币融资等具有金融属性的相关活动监管，各地方金融管理部门配合；以中国工业和信息化部及其附属机构为主导，通过联合产业界、学术界等各类机构及学者，负责区块链技术的标准化和统一化工作，加速构建区块链标准体系，推动区块链重点标准研制和应用推广；国家互联网信息办公室则主要负责区块链网络信息服务安全工作，规范和促进区块链技术及相关服务健康发展，规避区块链信息服务安全风险。央行、网信办、工信部权责分明积极协作，公安、司法等各司其职，配合主要监管部门开展各类执法规范行为。

（三）区块链技术为国际合作保驾护航

随着全球经济一体化和产业分工持续调整、国际科技竞争日益加剧、科技创新要素流动加速，越来越多的国家通过开展国际科技合作整合全球科技资源、聚集创新要素，促进国际间科技创新资源优势互补，加强全球和区域科技创新合作交流，提高创新效率水平，实现创新实力的显著提升和综合国力的稳步提高。

我国政府秉持互利共赢的理念，支持政府间科技合作项目、开展共同资助联合研发、推动科技人员交流和合作示范、鼓励参与国际大科学工程（计划）、鼓励大型科研基础设施开放共享等方式，与有关国家、地区、国际组织和多边机制开展科技创新合作。区块链作为重要的新一代信息技术，将成为国际科技合作的重点方向和领域。考虑到国内国外区块链技术发展处于不同阶段和不同水平，基于区块链技术的国际合作不仅有利于区块链技术自身发展及监管规范化，更有助于国际合作的全面推进和有效深化。

三、区块链+文化交流

（一）数字化赋能传统文化新活力

中华优秀传统文化是中华民族世世代代在漫漫历史长河中淘洗出来的智慧结晶，涵盖科学、艺术、文化等领域。一代代中华子孙在不同的历史阶段依靠聪明才智将传统文化传承至今。在数字化飞速发展的 21 世纪，弘扬我国传统文化又有了新的途径和手段——数字技术。

数字技术在传播、保护、转化、创新中华优秀传统文化的实践中取得了积极的成效。尤其是云计算、物联网、大数据之后的区块链技术，在赋能优秀传统文化创新性发展、创造性转化方面有着大量的应用场景。区块链作为一种分布式的数据库，其具有的不可篡改、匿名、可追溯以及去中心化等特性，在助力讲好中国故事、弘扬传统文化方面应用前景广阔。

近年来，国内许多著名的传统文化遗址和全球闻名的博物馆均在区块链等数字技术的协助下革新了呈现方式。观众不再需要从全球各地亲自来到当地购票参观。数字化技术让传统的文化景观"活了起来"，这些"活起来"的文化遗址和博物馆藏品通过手机就能被远在千里的观众尽收眼底，并且观众们还可以参与多种多样的互动活动，甚至定制相关文创产品。这些传统文化新的呈现方式，大大激发了"80后""90后"的兴趣，在疫情限制了大家社交活动期间，在家用电子产品免费云游我国著名的文化遗迹和博物馆成了当代年轻人时尚的消遣方式。

2021年农历小年这一天，敦煌研究院通过"云游敦煌"微信小程序推出"点亮莫高窟"，产品一经推出，便火爆朋友圈。"点亮莫高窟"是敦煌民俗，每逢特定的时间，当地民众会在莫高窟举行盛大的燃灯活动，总灯数可高达700余盏。

小程序以莫高窟第96窟主窟为中心，其余222个洞窟的位置均与实景崖体一一对应。用户点击屏幕下方"九色鹿"按钮，即可点亮其中1个洞窟，并可在数字全景崖体中看到本人点亮的洞窟位置及编号，大大增加用户体验感和代入感。

在完成"点亮莫高窟"后，用户可以获得以反弹琵琶、飞天等为代表的30幅莫高窟经典彩塑与壁画设计的"新年福卡"。这些福卡是通过AI技术提取了莫高窟壁画中的色卡和纹路来定制，每个人的福卡都有着独特的底纹、颜色和壁画内容。不仅如此，区块链技术还为每张福卡提供唯一哈希值，实现数字产权保护的"永久存证"。

其实，从20世纪90年代起，敦煌研究院就在探索一条将敦煌遗址与数字科技相结合的道路，1993年，敦煌研究院开始进行"数字化保护"方面的探索。2014年，莫高窟数字展示中心投入使用，首次采用了数字化虚拟洞窟实景展示与莫高窟实地参观体验相结合的参观新模式。2016年，"数字敦煌"资源库平台第一期正式上线，首次向全球发布敦煌石窟30个经典洞窟的高清数字化内容及全景漫游节目，大众可以通过网站一览洞窟与壁画的风采。截至2018年，敦煌研究院已完成采集精度为300DPI的洞窟近200个以及110个洞窟的图像处理、140个洞窟的全景漫游节目制作工作，丰富了数字敦煌资源库。

敦煌壁画和洞窟丰富的数字化资源可以使大众随时随地、不受时间地域的限制，观看和分享这些美轮美奂的历史遗址，这样更能扩大我们传统文化的受众范围，让年轻一代能有更便捷的途径了解我国光辉的传统文化，更利于敦煌文化的传承。另外，数字化的传播手段可以减少游客的实地到访量，减轻文物接待的压力，为文物遗址的保护创造更好的环境。

和敦煌研究院一样，在人工智能的应用热潮下，600岁的故宫也开启了探索区块链、人工智能、大数据等数字技术在文化遗产中的保护和展示。

"数字故宫"至今已有 20 年历史,故宫博物院在这 20 年中一直致力于文物的数字化进程,即利用先进的数字技术手段将文化遗产转化为数字资源,通过科学的信息化理念和系统工具对数字资源进行管理,并围绕这些数字资源展开保护、研究和利用,它既与实体中的故宫及其收藏的文物紧密关联,又能够脱离实体,在任何时间、空间被公众感知,成为超越时空的博物馆。

2020 年"数字故宫"小程序上线,通过微信小程序,老百姓足不出户能云游故宫,更拉近了这座全球著名的博物馆与老百姓的距离。小程序全面整合了故宫在线数字服务,使用者可以查阅海量的故宫数字资源。可以免费快速浏览"故宫名画记""数字文物库""全景故宫"等故宫多个数字平台上的藏品、建筑等信息。

这些文物和遗址的数字化升级需要经历什么步骤呢?借助什么技术呢?这都得益于高清数字影像技术,文物首先要进行数字化采集、数字资源精细化加工,区块链技术可以将文物的所有信息不可篡改地记录上链——经过一整套标准化的数字作业流程,实体文物才一步步地变成我们眼前的"数字文物"。这些数字文物如珍贵名人字画可以局部放大,用极近的视角、非常清晰地看到难以辨别的精彩细节,这是隔着玻璃的传统实物展示不可能实现的。另外,部分珍贵文物还进行了三维还原展示,喜爱文物的观众朋友们,也可以任意放大、缩小、旋转

"手中"的三维数字文物，从各种角度来仔细感受它们的文化和艺术魅力。

今天，保护传承宣传好中国优秀传统文化，是我们这代中国人的责任。在经济社会高速发展的背景下，优秀传统文化面临解构、碎片化、丢弃、保护不力等诸多困境。优秀传统文化亟须借助科技等手段使其重新焕发荣光。在互联网时代，借助5G、区块链技术、AR、高清数字化拍摄等数字技术，可以有效解决这些难题，为保护和传承优秀传统文化，讲好中国故事，进一步促进相关产业良性发展提供技术可能。

（二）区块链与文化创意产品融合发展

文化创意产业是指依靠创意人的智慧、技能和创意，借助高科技对文化资源进行再创造与提升，通过知识产权的开发和运用，生产出高附加值产品。文化创意产业其本质就是一种"创意经济"，其核心竞争力就是人自身的创造力。

我国的故宫博物院在几年前就在探索文创产品的开发之路，这也是一条将传统文化与现代技术和审美结合之路，故宫与年轻一代创意者开发的一系列文创产品，如将刻板印象中严肃威严的历代皇帝卡通化做成小摆件、书签；将传统建筑、服装上的花纹提取出来做成胶带、丝巾；将故宫城墙的颜色也取名为"故宫红"并设计为口红，这些有趣且与传统印象形成冲击的创意产品受到消费者极力追捧，故宫官方网店目前有

775 万消费者关注，新产品一上架常常出现销售一空的场景。

这些文创产品贵在创意，卖点是新意，对生产技术并没有太高要求，一旦问世曝光，文创产品就面临着盗版、仿制等威胁。盗版一直是文创产业的致命伤，盗版不仅给文创产业带来巨大经济损失，也打击了创作者的热情，给用户带来极坏的体验，不利于文化创意产业健康发展。

打击盗版一方面需要依靠健全的法律制度；另一方面，不断发展的高新技术也为版权保护提供了全新途径。

区块链技术去中心化、全过程留痕、可追溯等特点，可以建立全新的溯源体系与验证方式，并且形成透明、高效的信任机制，有利于版权保护与交易，为行业带来革新。区块链技术一方面有利于文化产业发展中版权的保护和交易；另一方面通过技术实现的信息验证、溯源，能够有效建立全新的信任机制，促使整个创作、发布、交易环节公开透明，形成公平公正的市场环境，推动文化产业朝着健康文明的方向发展。

区块链技术不仅可以对现有优秀文化作品进行溯源保护，同时其底层技术决定了它可以创造虚拟产品的唯一性、稀缺性，赋予虚拟产品更高的商业价值。

近期火遍全球的 NFT 头像便是区块链技术实现商用级别高性能应用的一个缩影。NFT 全称为 Non-Fungible Token，意为非同质化代币，区别于比特币、以太币等同质化代币。NFT的本质就是一种数字权证，NFT 作品上链后具有唯一和不可更改的特性，也就是代表独一无二的资产。NFT 的诞生基于 2017 年以太坊中一个叫作 CryptoPunks 的像素头像项目，这些像素头像总量上限为 1 万。任何两个像素头像都不能相同，这一点就和艺术品很相似，每一件艺术品都是唯一的，并且在交易中不可以切割出售。这些特征使得 NFT 在交易时常常卖出天价。

现在 NFT 头像的发展正值上升期，已经爆发出了巨大的潜能，要说这 NFT 头像到底有什么价值，其实它的价值不仅仅是一个头像那么简单，它代表的是身份认同、稀缺性、唯一性、娱乐性与金融属性的有机结合。区块链底层技术用数字化表达唯一性的特质，让虚拟商品的稀缺性在未来拥有无限商机。

四、区块链+"一带一路"

（一）"一带一路"倡议概况及部分沿线地区数字化发展现状

2013 年 9 月 7 日，国家主席习近平在哈萨克斯坦纳扎尔巴耶夫大学作题为《弘扬人民友谊 共创美好未来》的演讲，提出共同建设"丝绸之路经济带"。2013 年 10 月 3 日，习近平主席在印度尼西亚国会发表题为《携手建设中国—东盟命运共同体》的演讲，提出共同建设"21世纪海上丝绸之路"。"丝绸之路经济带"和"21世纪海上丝绸之路"简称"一带一路"倡议。

"一带一路"已成为全球最受欢迎的全球公共产品，也是目前前景最好的国际合作平台。

截至2023年初，我国与151个国家、32个国际组织签署200余份共建"一带一路"合作文件。"一带一路"的核心思想是要走一条共同发展、共同富裕的道路。打造政治互信、经济融合、文化包容的利益共同体、责任共同体和命运共同体，是"一带一路"建设的重要目标。信息技术高速发展的今天，"一带一路"的建设离不开数字经济。习近平总书记曾指出，"要坚持创新驱动发展，加强在数字经济、人工智能、纳米技术、量子计算机等前沿领域合作，推动大数据、云计算、智慧城市建设，连接成21世纪的数字丝绸之路"[1]。在"一带一路"开放包容的倡议下，中国积极投身推动全球数字经济发展中，为全球数字经济发展提出中国方案——《"一带一路"数字经济合作倡议》。在2021年12月国务院印发的《"十四五"数字经济发展规划》中明确提出要推动数字丝绸之路深入发展，高质量推动中国—东盟智慧城市合作、中国—中东欧数字经济合作。围绕多双边经贸合作协定，构建贸易投资开放

---

[1] 《习近平谈治国理政》第二卷，外文出版社2017年版，第513页。

新格局，拓展与东盟、欧盟的数字经济合作伙伴关系，与非盟和非洲国家研究开展数字经济领域合作。

目前，"一带一路"沿线国家经济社会发展水平的不均衡，数字化认知和发展程度也存在巨大差异，在数字技术开发、数字经济发展、网络基础设施建设、网络安全、数字化人才培育等方面仍有很大提升空间。

1. 东南亚地区数字化发展现状

东南亚地区地形分散，各国数字经济发展水平参差不齐。该地区互联网用户平均年龄较低且数量庞大，虽然目前人均电商消费支出尚不高，但未来将是全球互联网发展较快的区域。随着"一带一路"国际合作的深入推进，包括中国科技领军企业纷纷与新加坡、马来西亚等国开展合作，推动中国与东南亚国家在数字经济上互利共赢。

2. 中亚地区数字化发展现状

总体来说，哈萨克斯坦、乌兹别克斯坦、土库曼斯坦、塔吉克斯坦和吉尔吉斯斯坦等中亚五国的数字经济尚处于起步阶段，各国发展水平差异较大。处于领先地位的哈萨克斯坦，在"一带一路"倡议的推动下，正与中国在数字经济领域开展多方位合作。

3. 中东欧地区数字化发展现状

中东欧国家多数是新兴经济体，互联网发展相对成熟，发展数字经济的潜力巨大。基于"一带一路"为中国—中东欧数字经济合作提供了广阔发展空间，目前中国与中东欧地区国家已在多领域促成合作，推动多边经济发展，实现共同富裕，在数字基础设施、电子商务、网络治理等各方面取得了优异的成绩。但是复杂的地缘政治环境，日益凸显的恐怖主义、难民等问题，使得该地区部分国家边境长期战乱，基础设施破坏严重。这些问题成为制约中东欧地区数字经济发展的最大障碍。

4. 非洲地区数字化发展现状

作为目前全球互联网发展最有潜力的地区之一，非洲拥有占全球17%的人口，而网民人数只占全球总数的2%。严重匮乏的互联网基础设施、辽阔的地域和分布极不均衡的人口使得固定网络费用居高不下，但同时也使智能手机成为非洲地区最为普遍的上网设备。非洲同时也是"一带一路"建设的重点地区。从无线基站、通信光纤到跨境电商，中国企业极大地促进了非洲地区经贸往来和数字经济的发展。

综上所述，推进"一带一路"数字经济建设机遇大于挑战。机遇在于合作潜力巨大，拥有共同进步的空间，可根据不同国家的不同需要开展多领域的合作，真正实现"一带一路"的政策沟通、设施联通、贸易畅通、资金融通和民心相通。虽然每个国家数字经济发展水平不一，但大部分国家遇到的问题和挑战却十分相似。网络基础设施薄弱、网络安全风险高、网络空间话语权弱、数字化生产力不高、数字人才缺乏等。发展数字经济，必须解决上述问题。

（二）"一带一路"数字经济新引擎

绿色、低碳、循环、可持续的生产生活方式是国际社会的发展趋势。绿色"一带一路"建设是"一带一路"高质量发展的重要因素，而数字化发展是拉动绿色"一带一路"建设的重要驱动力。

当前，以人工智能、云计算、大数据、区块链、物联网等为代表的新一代信息技术被广泛应用到生产生活中，使得数字化应用场景在不断拓展延伸，为推动"一带一路"数字化建设走深走实提供了更多的选择和可能。"一带一路"沿线国家和地区多为发展中经济体和新兴经济体，经济增长方式较为粗放，经济发展水平参差不齐，经济社会发展与自然资源、生态环境的矛盾突出，目前迫切需要寻求应对和治理资源环境问题的新思路、新方法。面对上述矛盾，推进"一带一路"沿线国家和地区数字化进程尤为必要。绿色"一带一路"的数字化建设可以从绿色基建、产业转型、能源升级、贸易和金融等方面着手。

1. 数字化+新基础设施建设

"一带一路"前期以公路、铁路建设为主线，是实现互联互通的基础。在传统基础设施建设取得阶段性成果，带动沿线地区经济蓬勃发展后，"一带一路"沿线逐渐开启由传统基建向新基建的转型升级。工业互联网、数据中心、物联网、5G、人工智能、区块链等是新基建的核心，是实现数字化的先行条件，而将其数字化技术运用到能源、交通等传统产业，实现产业网络化、智能化的升级改造和绿色低碳可持续发展，更是新基建绿色发展的重点内容。新基建将成为绿色"一带一路"建设的重点领域，是利用科学技术提高能效，降低环境污染、实现绿色可持续发展的有效途径。

2. 数字化+传统产业转型

数字化发展为传统产业转型升级带来"智"变，通过智能化改造，企业生产效率和能效均能有效提升，将大大增加企业竞争力。推进5G、互联网、大数据、区块链、云计算、人工智能等数字技术在沿线国家和地区传统产业领域的全面渗透和深度融合应用，可以提高企业智能化、网络化生产水平，推动沿线经济体产业由低水平、粗放型向高水平、集约型转变，全面提升产业链数字建造水平，实现传统产业的高端化、智能化、绿色化和服务化，赋予绿色"一带一路"建设更加强大的动能和产业基础保障。

3. 数字化+绿色能源建设

"一带一路"沿线国家和地区目前也面临能源转型升级和能源数字化进程。数字化技术与能源的结合能有效提高能效，加强对温室气体排放的监管。以区块链技术为例，区块链分布式存储、去中心化、全程留痕、可追溯等技术特点与传统能源市场的痛点高度契合，能很好地支撑碳排放全生命周期可信监测，为传统能源交易提供更安全、更高效、更经济的市场环境，以及可视、可信、可靠的监管环境。针对"一带一路"沿线分布式发电普遍存在的特点，区块链技术可以将原本无法利用的分布式新能源并网到传统能源系统之中，加速"一带一路"能源转型升级。

4. 数字化+新型贸易增长

近年来，随着信息技术快速发展，全球产业结构、组织生产方式和产品内容等都发生了深刻变化，物联网、人工智能、3D打印和区块链可能深刻改变贸易模式、贸易主体和贸易对象。在这种趋势推动下，逐渐产生了一种新的贸易形式，即数字贸易。目前，全球服务贸易中有一半以上已经实现数字化，超过12%的跨境实物贸易通过数字化平台实现。中国与"一带一路"沿线国家和地区以传统实物贸易为主，贸易互补大于竞争，贸易潜力较大，贸易结构主要以电器机械设备、原油及矿物燃料等能源大宗商品为主。传统贸易的数字化转型可以在交易方式、付款方式、交通运输等方面简化手续，整合信息。比如区块链技术的智能合约、去中心化、不可篡改的特点，可以让信息不对称的交易双方在透明、公平的环境中放心交易，降低贸易成本和风险，促进跨境贸易便利化、催生跨境电商等新的业态。

5. 数字化+绿色金融发展

绿色金融广泛来说是有利于环境保护的金融创新，可以通过研究如何最大化使用金融工具来保护生态环境和生物多样性。绿色金融的内容根据国情有所区别：发达国家绿色金融主要服务于应对气候变化挑战、自然资源保护等；发展中国家绿色金融主要服务于环境治理及改善、资源节约高效利用等。"一带一路"沿线经济体在推动绿色产业的发展进程中需要绿色金融的支持，如加快淘汰高污染、高能耗的技术、项目或企业，产业的更新升级需要投入资金和配套的金融产品。而绿色金融发展进程面临的客观难题如信息不对称、信用风险、监管缺失等问题都可以借助数字技术尤其是区块链技术予以解决。区块链所具有的高可靠性、简化流程、交易可追踪、节约成本、安全记录、多方共识等特点使其具备重构金融领域基础框架的能力，并能够解决绿色金融发展过程中存在的个性化问题。

(三)"一带一路联盟链"发展展望

"一带一路"倡议提出的十年来，沿线国家逐渐形成了产业联盟、经济联盟、城市联盟。随着数字化建设的推动，以区块链为主导的新一代联盟形式孕育而生。

区块链的形式主要分为公链（Public blockchains）、联盟链（Consortium blockchains）、完全私链（Fully private blockchains）三种，公链面向所有访客开发，任何人都能通过公链进行交易且交易能获得有效确认，任何人都能参与其共识过程，联盟区块链是指共识过程受制于预选节点控制的区块链，完全私链是指其写入权限仅在一个组织手里的区块链。

在沿线经济体已有的合作基础上，推动联盟链的建设更为合适，也更符合"一带一路"贸易信息化发展的需要。首先联盟链的节点是预选的，通过预选的方式能够有效将不良、不可信节点排除在外，来保护该区块链免受节点攻击的影响。此外联盟链并不是完全去中心化的，其共识模式受到联盟的控制，这对日后共识机制的升级和扩容提供了便利，也有利于主导机构对系统管控。

在"一带一路"倡议下基于沿线国家协商机制建立的"信息丝绸之路联盟链"，可以将"一带一路"沿线各国的银行、保险、信托、外贸商、海关、船运公司、物流、文化产业、政府监管等机构纳入其中，形成一个多方参与、高效、便捷、安全的大数据网络系统，在此基础上，利用区块链去中心化和去信任等特性，使用数字加密货币和智能合约，在国别之间能够实现多元化主体直接平等参与交易，信息、资金和实物等资源高效流动，生产要素广泛连接，金融交易高效协同和信息监督与追溯。从而形成一个完整的相对自由的联盟链系统，解决目前"一带一路"发展中存在的各国、各机构之间的各自为政、信息不对称、相互不信任、交易成本高等问题，打造一个公开、透明、可持续发展的市场环境。

当今世界正处于大发展、大变革、大调整时期，和平、发展、合作仍是时代潮流。展望未来，共建"一带一路"面临诸多问题和挑战，同时，信息化、数字化"一带一路"建设更充满前所未有的机遇和发展前景。这是一项事关多方的倡议，需要同心协力；这是一项事关未来的倡议，需要不懈努力；这是一项福泽人类的倡议，需要精心呵护。在各方共同努力下，共建"一带一路"一定会走深走实，行稳致远，成为和平之路、繁荣之路、开放之路、绿色之路、创新之路、文明之路、廉洁之路，推动经济全球化朝着更加开放、包容、普惠、平衡、共赢的方向发展。

结　语

中国特色数字文明拓展人类文明新形态

　　从社会发展史看，每一次人类文明的演进都是源自技术创新的驱动，每一次工业革命和信息革命带来的生产力飞跃，都深刻变革生产关系，重塑人类社会治理结构，并进而影响不同国家、民族的命运走向和不同文明类型的兴衰枯荣。习近平总书记指出，"科学技术从来没有像今天这样深刻影响着国家前途命运，从来没有像今天这样深刻影响着人民生活福祉"①。当前，我们正处于从工业文明迈入数字文明的重要关口，数字科技已经成为推动文明进步的主导因素，信息化生产力正成为当今时代的新型生产力，中国特色数字文明正不断推动数字技术与经济社会发展深度融合，赋能人类生产生活各领域，不断拓展人类文明新形态。

---

① 《习近平谈治国理政》第三卷，外文出版社 2020 年版，第 246 页。

一、中国特色数字文明加速人类文明演进

当今时代，数字技术作为世界科技革命和产业变革的先导力量，日益融入经济社会发展各领域全过程，深刻改变着生产方式、生活方式和社会治理方式，为促进共同富裕美好生活带来新机遇。

升级生产方式。从历史的逻辑来看，人类社会的变革建立在每一次生产力和生产关系的大规模改变上，人类社会的发展就是先进生产力不断取代落后生产力的历史过程。在信息化时代，新兴数字科技将逐渐发挥支撑引领的作用，逐渐成为未来产业的核心引擎和构建新发展格局的重要力量。一方面，信息消费、数字经济领域投资、数字贸易等数字经济不断引领和创造新的需求；另一方面，在互联网时代，人类协作方式趋于垄断，固化的生产关系难以适应数字经济发展的需要，区块链作为数字科技的代表，利用不可篡改、可追溯、高透明等特性优势为确权、维权等行为提供充分证据，夯实了各生产主体间的信任关系，以全新的信任机制重塑传统的组织形态，牵引新型生产关系和生产方式，促进生产力发展。基于区块链的绿色电力交易实现了全面记录绿色电力生产、交易、消费等各环节信息，保证不可篡改，实现绿色电力全生命周期追踪与全流程可视化管理，促进了电力交易转型升级。基于区块链的跨境支付

结算，通过消除层级代理结构来建立可信的交易体系，以点对点传输技术减少第三方机构的中间环节，有效降低了隐性成本，改变了以往依托消费者、商家、支付公司、中转银行、清算组织等多主体、多环节的传统交易流程，提高了交易效率。

变革生活方式。数字技术正全面融入社会交往和日常生活，不断满足人类对美好生活的向往，以数字化促进生活方式个性化、多元化、数智化，构筑全民共享的数字生活。数字藏品依托区块链技术将对应特定的作品、艺术品生成的唯一数字凭证，数字图片、音乐、视频、3D 模型、电子票证、数字纪念品等数字藏品守护文化安全性与多样性，不断满足人类的文化生活需要；数字身份管理依托区块链技术将健康记录、护照和驾驶执照等身份信息上链，提高身份识别与认证效率；数字医疗将为个人提供高隐私医疗数据共享、数据查询、信息追溯等服务，实现健康管理数智化；数字展览打破了时间与空间的限制，在任何时间、空间被公众感知，"数字故宫"利用先进的数字技术手段将文化遗产转化为数字资源，并围绕这些数字资源展开保护、研究和利用，并通过微信小程序提供在线数字服务，实现公众足不出户穿越历史、游览故宫，一站获取海量的故宫数字资源。数字科技正不断提高人类生活领域中的创新性与可能性，逐渐成为提升人类生活质量的原动力。

赋能社会治理。数字技术通过打破地域、数据、人员的限制，逐渐成为提升社会治理水平的有效技术手段，不断促进公共服务和社会运行方式创新。第一，打破社会治理的地域限制。区块链等数字科技可以实现远程管理、自动化管理、多层级直接管理，以数智化管理实现社会治理的广泛性。电子证照、电子资料、电子档案、电子签章等不断扩大应用领域和全国互通互认，实现更多政务事项网上办、掌上办、一次办；依托区块链技术的司法存证实现公证机关、公安机关、仲裁机构、律所、企业等主体的出具的证书或文件在链上验证，打通数据校验通道，有效解决司法领域取证难、示证难、认证难、存证难、质证难等问题。第二，打破社会治理的样本限制。传统社会治理的数据掌握能力存在局限性，大多数采用随机样本进行决策，准确性和科学性有待优化。区块链等数字技术则可以实现海量数据的采集、处理、分析，降低了数据操作成本，实现精细政研、科学决策，保障政策落实更加精准，以全量数据治理实现社会治理的精准性。第三，打破社会治理的参与限制。信息革命和产业变革催生了更为复杂的生产关系和交往关系，复杂的关系进一步威胁着生产生活和社会生活的安全性以及人与人之间的信任机制。区块链技术保障的信任机制逐渐向社会治理领域拓展，以分布式身份管理、行为治理等手段提高公民的社会治理参与度，以人人参与实现社会治理的共享性。新能源消纳发挥区块链分布式记账、可追溯等技术特性，就每一个消纳责任主体可再生能源电力消纳生成数字化消纳凭证，可由政府、电力交易中心等多方主体共同监督交易活动；食品流通供应链联合物联网技术、传感技术，对食品流通全过程进行监督，提供全流程数据信息并实时公开，保证食品流通的各个参与方能实时获取食物信息并监督食品流通全过程。

推动共同富裕。中国特色社会主义制度下，数字技术的创新发展赋予数字文明发展新方向。数字科技赋能普惠金融、智慧城市、绿色能源、基层治理、共享医疗等方面的复合应用，促进均衡发展、充分发展和共同富裕，凸显数字技术与中国特色社会主义制度的内在契合。其中，区块链的特性优势和运行机制为渐进解决共同富裕进程中面临的收入分配差距大、区域发展不平衡、质量与效益不平衡、机会不均等问题挑战提供了行之有效的可行性方案。区块链技术通过连通各类救助帮困业务系统，实现扶贫全流程、多主体的无缝衔接，通过信息资源中心形成以个人为单位的全方位数据画像，保障贫困人口识别工作的安全性与可信度，实现精准帮扶；基于区块链技术的扶贫项目管理平台，通过多方共识技术实现扶贫对象的身份、就业信息、医疗、交易等多方信息和数据的上链存储，构建动态调整、全社会共识的贫困人口信息数据库，实现精准评估、动态管理；基于区块链技术的扶贫资金管理平台融合了政府扶贫项目审批链与金融机构资金管理链，通过追踪记录每一条资金的操作记录，并保证其不可篡改，有效监督资金的真实流向，助力巨额扶贫资金管理，确保扶贫资金切实、有效、足额发放到贫困户手中。以区块链为代表的的数字科技以新技术、新模式不断助力共同富裕目标的实现。

二、发挥中国特色数字科技重要力量

中国特色数字文明不断赋能人类社会发展，推动人类文明演进。当今世界正经历百年未有之大变局，新一轮科技革命和产业变革深入发展，全球经济越来越呈现数字化特征。必须加快数字科技创新发展，发挥中国特色数字科技对社会发展的重要驱动作用。

坚持"四个面向"，强化科技创新战略需求导向。2020年9月11日。习近平总书记在科学家座谈会上的讲话中指出："研究方向的选择要坚持需求导向，从国家急迫需要和长远需求出发，真正解决实际问题。"[①] 科技创新要坚持面向世界科技前沿，面向经济主战场，面向国家重大需要，面向人民生命健康，打通从科技强到产业强、经济强、国家强的通道。其中，数字中国作为新时代国家信息化发展的新战略，对于把握数字时代机遇、建设社会主义强国具有重要战略意义。《中华人民共和国国民经济和社会发展第十四个五年规划和2035年远景目标纲要》中强调，要培育壮大人工智能、大数据、区

---

① 习近平：《在科学家座谈会上的讲话》，人民出版社2020年版，第9页。

块链、云计算、网络安全等新兴数字产业，加快推动数字产业化。大力推动新型数字科技创新发展是新时代必然之举。

强化国家战略科技力量，加强科技基础能力建设。习近平总书记在中国科学院第二十次院士大会、中国工程院第十五次院士大会、中国科学技术协会第十次全国代表大会上的讲话中指出，"世界科技强国竞争，比拼的是国家战略科技力量。国家实验室、国家科研机构、高水平研究型大学、科技领军企业都是国家战略科技力量的重要组成部分，要自觉履行高水平科技自立自强的使命担当"①。国家实验室要按照"四个面向"的要求，多出战略性、关键性重大科技成果，并同国家重点实验室结合，形成中国特色国家实验室体系；国家科研机构要以国家战略需求为导向，加快建设原始创新策源地；高水平研究型大学要发挥基础研究深厚、学科交叉融合的优势，成为基础研究的主力军和重大科技突破的生力军，加强基础前沿探索和关键技术突破；科技领军企业要发挥市场需求、集成创新、组织平台的优势，开展产业共性关键技术研发、科技成果转化及产业化、科技资源共享服务，提升我国产业基础能力和产业链现代化水平。

大力推动产学研融合，加强核心技术攻关。要加强企业主导的产学研深度融合，强化目标导向，提高科技成果转化

① 《习近平谈治国理政》第四卷，外文出版社 2022 年版，第 199 页。

和产业化水平。企业要作为出题者、答题者、阅卷人，积极组建创新联合体，与高校、科研院所开展合作，集聚创新资源，实现深度融合，攻克行业核心技术和关键技术，提升产业整体创新能力，加快形成产学研融合、上中下游衔接、大中小企业协同的创新格局，进一步深化产学研结合，实现创新链与产业链的有效结合，全面提升创新体系效能，提供高质量科技供给。

深入实施人才强国战略，培养造就德才兼备的专业人才。人才是自主创新的关键，高质量的人才体系是支撑创新体系的基础。实现中国梦的国家发展需求和极速发展的科技革命与产业变革需求都对人才工作提出了更高要求。党的二十大报告指出，要"建设规模宏大、结构合理、素质优良的人才队伍"，"加快建设世界重要人才中心和创新高地"。① 走好人才自主培养之路要坚持多主体育人理念。高校特别是"双一流"大学要发挥培养基础研究人才主力军作用，全方位谋划基础学科人才培养，建设一批基础学科培养基地，培养高水平复合型人才；企业特别是国资央企要发挥国家战略人才力量、国家战略科技力量的主力军作用，集聚重要资源政策，强化科研创新平台建设，依托重要科技创新项目培养造就高水平科技人才。

---

① 习近平：《高举中国特色社会主义伟大旗帜　为全面建设社会主义现代化国家而团结奋斗——在中国共产党第二十次全国代表大会上的报告》，人民出版社 2022 年版，第 36 页。

扩大国际科技交流合作，形成具有全球竞争力的开放创新生态。技术浪潮所到之处，没有人是一座孤岛。开放才能进步，合作才能共赢。创新要素在各国之间开放、持续、高效流动，已经成为推动技术进步和经济发展的重要动力。科学技术具有世界性、时代性，是人类共同的财富。面对数字化带来的机遇和挑战，和则共生，和则发展。一方面，应加强国际化科研环境建设，深入对话交流、深化务实合作，加强同各国科研人员的联合研发，主动设计和牵头发起国际大科学计划和大科学工程，以国际科技交流合作推动我国科技创新能力不断提升，构建更大范围、更宽领域、更深层次、更高水平的科技创新开放合作新格局；另一方面，应积极融入全球创新网络，深度参与全球科技治理，为全球数字文明和平发展贡献中国智慧和中国力量。习近平总书记在致 2022 年世界互联网大会的贺信中指出："中国愿同世界各国一道，携手走出一条数字资源共建共享、数字经济活力迸发、数字治理精准高效、数字文化繁荣发展、数字安全保障有力、数字合作互利共赢的全球数字发展道路，加快构建网络空间命运共同体，为世界和平发展和人类文明进步贡献智慧和力量。"①

坚持科技为民的导向，推动信息技术与经济社会民生深度融合。为中国人民谋幸福、为中华民族谋复兴是中国共产党矢

---

① 《习近平向 2022 年世界世联网大会乌镇峰会致贺信》，《人民日报》2022 年 11 月 10 日。

志不渝的初心使命。中国特色数字文明要发挥社会主义属性，坚持科技为民，深度融入经济社会民生的各领域、各方面、各环节，充分释放数智化应用的规模效应。大力打造数智化生产，加强生产、交易、管理等各环节的自动化、智能化改造，加快智慧工厂、智慧电力、智慧农业等应用场景落地，有效提高生产效率、降低生产成本保障生产安全；持续丰富数智化生活，依托智能化手段，推动衣食住行等生活场景实现线上线下深度融合，更好地满足人们的物质需求和精神需求；不断赋能数智化治理，加快数字政府、智慧城市、数字乡村、智慧社区等重点场景建设，提升数据应用能力，提高科学决策水平，扩大社会治理参与度，实现更精准、更高效、更广泛的社会治理。

数字文明新时代是人类文明迈向更高阶段的时代，是一个加速创新、快速迭代、充满机遇与挑战的时代。中国特色数字文明拥有无限可能与发展空间。站在新的历史起点，让我们携手共进、突破创新，不断推动中国特色数字文明成果更好地惠及人类发展。

参考文献

1. 陈晓红、李杨扬、宋丽洁、汪阳洁：《数字经济理论体系与研究展望》，《管理世界》2022 年第 2 期。

2. 张成福、谢侃侃：《数字化时代的政府转型与数字政府》，《行政论坛》2020 年第 6 期。

3. 迈克尔·奎特、商爱玲：《数字技术之政——一种 21 世纪的社会主义框架》，《当代世界与社会主义》2022 年第 5 期。

4. 戴长征、鲍静：《数字政府治理——基于社会形态演变进程的考察》，《中国行政管理》2017 年第 9 期。

5. 吴欢、卢黎歌：《数字劳动与大数据社会条件下马克思劳动价值论的继承与创新》，《学术论坛》2016 年第 12 期。

6. 李升：《"数字鸿沟"：当代社会阶层分析的新视角》，《社会》2006 年第 6 期。

7. 王天夫：《数字时代的社会变迁与社会研究》，《中国社会科学》2021 年第 12 期。

8. 熊鸿儒：《数字经济时代反垄断规制的主要挑战与国际

经验》，《经济纵横》2019 年第 7 期。

9. 王美、随晓筱：《新数字鸿沟：信息技术促进教育公平的新挑战》，《现代远程教育研究》2014 年第 4 期。

10. 柳卸林、董彩婷、丁雪辰：《数字创新时代：中国的机遇与挑战》，《科学学与科学技术管理》2020 年第 6 期。

11. 刘宗媛、赵甜、高睿等：《区块链作为新型基础设施的意义、作用和前景分析》，《网络空间安全》2020 年第 11 期。

12. 高奇琦：《区块链在智能社会中的政治经济意义》，《上海师范大学学报》（哲学社会科学版）2021 年第 1 期。

13. 王晓静、罗娟、宋燕飞：《区块链技术促进生产方式变革》，《技术经济与管理研究》2019 年第 5 期。

14. 王程、崔维平、高洪达等：《区块链技术在能源数字经济中的应用研究》，《华电技术》2021 年第 5 期。

15. 余宇新、章玉贵：《区块链为国家治理体系与治理能力现代化提供技术支撑》，《上海经济研究》2020 年第 1 期。

16. 周群星、张容福、贾昆等：《区块链技术在电力共享经济中的应用研究》，《电力信息与通信技术》2022 年第 2 期。

17. 单俊嘉、董子明、胡俊杰等：《基于区块链技术的产消者 P2P 电能智能交易合约》，《电网技术》2021 年第 10 期。

18. 贺海武、延安、陈泽华：《基于区块链的智能合约技术与应用综述》，《计算机研究与发展》2018 年第 11 期。

19. 林诗意、张磊、刘德胜：《基于区块链智能合约的应用研究综述》，《计算机应用研究》2021年第9期。

20. 李悦、李锋、蔡三锐：《区块链智能合约技术与应用》，西安电子科技大学出版社2019年版。

21. 王栋、石欣、陈智雨等：《区块链智能合约技术在供应链中的应用研究》，《网络空间安全》2018年第8期。

22. 蔡婷、林晖、陈武辉等：《区块链赋能的高效物联网数据激励共享方案》，《软件学报》2021年第4期。

23. 付永贵：《基于区块链的供应链信息共享机制与管理模式研究》，人民邮电出版社2020年版。

24. 霍炜：《政务数据资源共享是区块链技术自主创新的主战场》，《信息安全与通信保密》2021年第1期。

25. 林时伟：《区块链技术与应用》，机械工业出版社2020年版。

26. 佟兴、张召、金澈清等：《面向端边云协同架构的区块链技术综述》，《计算机学报》2021年第12期。

27. 于戈、聂铁铮、李晓华等：《区块链系统中的分布式数据管理技术——挑战与展望》，《计算机学报》2021年第1期。

28. 赵丙镇、陈智雨、闫龙川等：《基于区块链架构的电力业务交易数据隐私保护》，《电力系统自动化》2021年第17期。

29. 袁勇、王飞跃：《区块链理论与方法》，清华大学出版社 2020 年版。

30. 李志杰、郭杰群、王阳雯：《区块链+ 重构与赋能》，格致出版社 2020 年版。

31. 李芳、李卓然、赵赫：《区块链跨链技术进展研究》，《软件学报》2019 年第 6 期。

32. 沈翔宇、陈思捷、严正等：《区块链在能源领域的价值、应用场景与适用性分析》，《电力系统自动化》2021 年第 5 期。

33. 崔葳：《区块链在电子政务服务中的应用研究》，《江苏科技信息》2019 年第 7 期。

34. 国世平、杨帆：《货币革命：我国创发数字货币的金融效应、风险与挑战》，《深圳大学学报》（人文社会科学版）2019 年第 5 期。

35. 黄月华、吴紫建：《一种基于区块链技术的电子证照共享平台及其在电子政务中的应用研究》，《桂林航天工业学院学报》2020 年第 1 期。

36. 刘禹希：《区块链技术在金融行业应用路径研究》，《企业科技与发展》2021 年第 9 期。

37. 李季刚、赵燕：《区块链技术应用于我国金融领域的研究》，《新金融》2020 年第 3 期。

38. 李伟群、丁旭明：《区块链在保险业中的创新应用与风险预见》,《上海保险》2019年第1期。

39. 卢瑶瑶、赵华伟:《浅析区块链在保险行业的应用》,《区域金融研究》2017年第10期。

40. 孟静:《区块链技术在电商行业供应链金融风险控制中的应用》,《财会通讯》2021年第22期。

41. 裴紫云:《基于区块链的电子政务大数据安全共享分析》,《电子测试》2020年第23期。

42. 赵文韬、屈良琦:《基于区块链技术的数字货币再认识》,《中国管理信息化》2021年第17期。

43. 张城城:《区块链技术在再保险中的应用研究——以B3i再保险平台为例》,《企业科技与发展》2018年第12期。

44. 石亚军、程广鑫:《区块链+政务服务:以数据共享优化政务服务的技术赋能》,《北京行政学院学报》2020年第6期。

45. 杨入一:《区块链技术和大数据在健康险领域的可应用场景分析》,《环球市场》2018年第14期。

46. 杨东伟:《能源区块链探索与实践》,中国电力出版社2020年版。

47. 贾海刚、孙迎联:《"区块链+"精准扶贫:创新前景与潜在挑战》,《甘肃社会科学》2020年第2期。

48. 戚学祥:《精准扶贫+区块链:应用优势与潜在挑战》,《理论与改革》2019年第5期。

49. 杨明、郑晨光：《区块链在精准扶贫脱贫中应用研究》，《云南民族大学学报》（哲学社会科学版）2020年第2期。

50. 郑会霞：《"后扶贫时代"的贫困治理：趋势、挑战与思路》，《河南社会科学》2020年第10期。

51. 郑羽飞、许莉：《区块链技术在精准扶贫审计中的应用》，《商业会计》2021年第12期。

52. 沈鼎壹、阮明明、王新华：《区块链技术在环境保护中的应用》，《科学技术创新》2019年第22期。

53. 贾育育：《区块链+环保管理引发颠覆式改变》，《现代国企研究》2020年第Z1期。

54. 李永红：《国内排污权交易现状分析》，《消费导刊》2009年第15期。

55. 明锐：《区块链技术在政府环境污染治理中的应用研究》，《环境科学与管理》2019年第6期。

56. 谢玉洁：《区块链技术在环境保护税征管领域的应用探析》，《现代商业》2020年第25期。

57. 尹思雨：《基于区块链技术的环境保护异地执法探究》，《决策探索（下）》2021年第1期。

58. 姚红梅：《区块链技术在化工企业环境污染治理上的应用研究》，《化工管理》2020年第1期。

59. 赵楠、盛昭瀚、严浩：《基于区块链的排污权交易创新机制研究》，《中国人口·资源与环境》2021 年第 5 期。

60. 张锦妍：《新时期下基层政府环保政策实施现状分析及路径》，《区域治理》2019 年第 9 期。

61. 梅海涛、刘洁：《区块链的产业现状、存在问题和政策建议》，《电信科学》2016 年第 11 期。

62. 毛宁、张小红：《基于区块链技术的网络版权保护》，《图书馆论坛》2019 年第 8 期。

63. 马治国、刘慧：《区块链技术视角下的数字版权治理体系构建》，《科技与法律》2018 年第 2 期。

64. 赖利娜、李永明：《区块链技术下数字版权保护的机遇、挑战与发展路径》，《法治研究》2020 年第 4 期。

65. 王清、陈潇婷：《区块链技术在数字著作权保护中的运用与法律规制》，《湖北大学学报》（哲学社会科学版）2019 年第 3 期。

66. 戚学祥、黄新宇：《国外区块链发展考察：逻辑、路径与启示》，《河海大学学报》（哲学社会科学版）2020 年第 6 期。

67. 李斌：《我国区块链技术的风险、监管困境与战略路径——来自美国监管策略的启示》，《技术经济与管理研究》2020 年第 1 期。

68. 任孝平、杨云、周小林、南方：《我国国际科技合作政策演进研究及对新时期政策布局的思考》，《中国科学院院刊》2020 年第 5 期。

69. 任孝平、杨云、李子愚、杨帆：《我国科技创新政策中国际合作政策要素分析与研究》，《全球科技经济瞭望》2020 年第 12 期。

70. 王智新：《国际科技合作融入全球创新网络研究评述与展望》，《科学管理研究》2021 年第 1 期。

71. 赛迪智库区块链形势分析课题组：《2020 年中国区块链发展现状与展望》，《中国计算机报》2020 年 2 月 24 日。

72. 阳天寿：《数字经济赋能"一带一路"高质量发展》，《商展经济》2021 年第 21 期。

73. 蓝庆新：《全面推动数字"一带一路"建设》，《国际商报》2021 年 9 月 10 日。

74. 张宇怀、于凤：《"一带一路"背景下区块链技术在国际贸易领域的应用与展望》，《时代金融》2018 年第 7 期。

75. Wang, Q., Li, R., Wang, Q., & Chen, S.（2021）. Non-fungible token（NFT）: Overview, evaluation, opportunities and challenges. arXiv preprint arXiv: 2105. 07447.

76. Das, D., Bose, P., Ruaro, N., Kruegel, C., & Vigna, G.（2022，November）.

77. Understanding security issues in the NFT ecosystem. In Proceedings of the 2022 ACM SIGSAC Conference on Computer and Communications Security（pp.667-681）.

78. Chohan, R., & Paschen, J. (2023). NFT marketing: How marketers can use nonfungible tokens in their campaigns. Business Horizons, 66(1), 43-50.

79. Wu, C. H., Liu, C. Y., & Weng, T. S. (2023). Critical Factors and Trends in NFT Technology Innovations. Sustainability, 15(9), 7573.

后　记

　　时光荏苒，转眼间，我们迎来了团队新作《区块链赋能共同富裕和美好生活新路径》的问世。作为主要作者，我们感到非常高兴和欣慰。从策划到出版，历时两年多，对外经济贸易大学区块链与开放经济研究中心、国网区块链技术实验室研究团队通力合力、不辞辛苦，方有今日即将付梓之果。

　　区块链技术作为当下最具创新性和变革性的技术之一，正在全球范围内引起巨大的关注和重视。我们深知，区块链不仅仅是一种新的技术手段，更是一种推动社会进步、促进共同富裕、实现美好生活的强大力量。正是出于对这一技术属性和社会价值的体认及对社会进步的使命感，我们两家机构携手同心，希望能够为推动区块链在新时代新征程的应用和发展贡献微薄之力。

　　这本书的出版正当其时。我们深入研究了区块链在共同富裕和美好生活中的应用潜力，并提出了一系列创新的理念和实践路径。通过区块链技术，我们可以实现信息的透明共享，构建可信的经济体系，改变传统的商业模式，促进资源的优化配置和效益的最大化。本书不仅研究阐释区块链技术、共同富裕和美好生活重要论述的理论意涵，还密切关注区块链技术在中国特色社会主义场域中的社会本质和应用原理，更着眼于其在社会和经济领域的实际运用，力求为读者提供有益的思考和启示。

本书最大特色是将新时代伟大实践与区块链技术的哲学思考和社会价值无缝对接。在这个过程中，团队调研足迹遍及祖国大江南北，几十家公司在其业务范围和辐射区域开展了"脚踏实地"式的大走访、大调研，将"腹中诗书"用脚写在大地上，企事业单位、新农家、政府机关和街头巷尾都留下了我们的调研身影。这其中，国网数字科技控股有限公司、中国海洋石油集团有限公司、哈尔滨电气集团有限公司、国网区块链科技（北京）有限公司、国家电网有限公司信息通信分公司、国网北京市电力公司、国网河北省电力有限公司、国网冀北电力有限公司、国网江苏省电力有限公司、国网浙江省电力有限公司、国网辽宁省电力有限公司、国网山西省电力公司和国网重庆市电力公司等公司深度参与，在此一并表示感谢！

在研究和编写过程中，王宇航提出从新时代新思想理论视角研究阐释区块链技术及其在促进共同富裕和美好生活中的总体思路、研究内容并负责统筹全书架构，王栋负责从区块链技术本身反思其社会属性和应用场景，二人共同负责组织全书写作并担当主要部分撰写。参与全书撰写的还有（按照篇章顺序）：对外经济贸易大学教育与开放经济研究中心副研究员秦冠英、青年人文交流研究中心王中佳，中国移动党校（人才发展中心）党校教育部李芯彤，国家电网蒋炜、朱卫平、雷振江、李坚、李丽丽、张雁翎、雷亚蝶、郭晓利、马小小、马军伟、辛辰、赵有强和赵劭康。当然，文责自负，敬请方家指正！

我们要特别感谢人民出版社邓浩迪编辑等专业人员，在整个出版过程中给予了我们无微不至的关心和支持，热忱细致、专业敬业、高效合作以及对内容的深入理解和把握，使得这本书的出版变得更加顺利，让所有研究团队成员如沐春风、欣喜于怀。

谨以此只言片语概述与此书的过往时光。

"中国特色社会主义链"研究系列丛书编委会

主　任： 文　君

副主任： 王宇航　王　栋　杨玉强　王　贵

委　员： 冯海全　王艳松　田　鹏　艾　亮

玄佳兴　王焕娟　陈智雨　吕佳宇

李　达　杨　成　王小龙　孙永鑫

赵建斌